Christoph Mayr

Erklärungshilfen zur Entwicklung der internationalen Klimapolitik: Spieltheorie und Public Choice Theorie

Christoph Mayr

Erklärungshilfen zur Entwicklung der internationalen Klimapolitik: Spieltheorie und Public Choice Theorie

GESELLSCHAFTSWISSENSCHAFTEN

Christoph Mayr

Erklärungshilfen zur Entwicklung der internationalen Klimapolitik:
Spieltheorie und Public Choice Theorie

1. Auflage 2009 | ISBN: 978-3-86815-253-1

Die Deutsche Bibliothek verzeichnet diesen Titel in der Deutschen Nationalbibliografie. Bibliografische Daten sind unter http://dnb.ddb.de verfügbar.

Inhaltsverzeichnis

I Abbildungsverzeichnis

II Tabellenverzeichnis

III Abkürzungsverzeichnis

AOSIS	Alliance of Small Island States
APP	Asia-Pacific Partnership on Clean Development and Climate
bln.	Billionen, im deutschsprachigen: Milliarden
BMU	Bundesministerium für Umwelt, Naturschutz und Reaktorsicherheit
BRA	Brasilien
bzw.	beziehungsweise
ca.	circa
CDM	Clean Development Mechanism
CHN	China
CO_2	Kohlenstoffdioxid
COP	Conferene of Parties
DAE	Dynamic Asian Economies
EEC	European Union
EET	Central and Eastern European Countries
EEX	Energy Exporting Countries
EG	Europäische Gemeinschaft
EU	Europäische Union
ERU	Emmission Reducing Units
f.	folgende
ff.	fortfolgende
FSU	Former Soviet Union
Gton	Gigaton, im deutschsprachigen: Gigatonne
Hrsg.	Herausgeber
HWWA	Hamburgisches Welt-Wirtschafts-Archiv
IND	Indien
JI	Joint Implementation
IPCC	International Panel on Climate Exchange
JPN	Japan
Kap.	Kapitel
KRK	Klimarahmenkonferenz

NGO	Nicht-Regierungs-Organisation
o. J.	ohne Jahr
o. O.	ohne Ort
o. Verf.	ohne Verfasser
OOE	other OECD Countries
OPEC	Organisation of Petrol Exporting Countries
ROW	Rest of World
S.	Seite
u.a.	und andere
UN	United Nations
US	United States
USA	United States of America
vgl.	Vergleiche
VSK	Vertragsstaatenkonferenz
z.B.	zum Beispiel

1 Einleitung

Umweltpolitik globalisiert sich[1] und internationaler Klimaschutz ist eine der größten globalen Herausforderungen des 21. Jahrhunderts.[2] Die globale Umwelt wird jenseits ihrer Kapazität zur Selbsterneuerung genutzt und ist damit zur knappen Ressource geworden. Die befürchtete weltweite Klimaerwärmung durch die Nutzung der Erdatmosphäre als Deponie für Treibhausgase ist nur ein Beispiel.[3]

Globale Umweltmedien sind unteilbar. Eine Aneignung des physischen Besitzes oder dessen Verteidigung gegen Eingriffe anderer ist nicht möglich. Globale Umweltgüter sind dadurch gekennzeichnet, dass alle Völker an ihnen partizipieren und unter ihrer kollektiven Zerstörung leiden. Hierin besteht die „Tragödie der Allmende": Die gemeinsame Umwelt wird gemeinsam geschädigt, weil die Gewinne ihrer Nutzung privat anfallen, während die Nutzungskosten von allen Ländern getragen werden müssen.[4]

Im Falle der Umweltverschmutzung gilt kein Ausschlussprinzip und so tritt in der internationalen Umweltpolitik das Phänomen des Trittbrettfahrer-Verhaltens auf: Ergreifen einige Staaten Maßnahmen zum Umweltschutz, profitieren alle davon. Trittbrettfahrer haben daher keinen Anreiz, selbst Kosten für Maßnahmen zu übernehmen. In der Folge kommt ein wirksamer internationaler Umweltschutz erst gar nicht zustande.

Umweltprobleme sind daher nur national lösbar. In den meisten Industrieländern konnten die dringlichsten Umweltprobleme wie etwa Boden und Wasser auf meist nationaler Ebene gelöst werden,[5] da so durch staatlichen Zwang umweltschädliches Handeln verboten werden kann. Ein solcher Zwang ist auf internationaler Ebene nicht durchsetzbar. Es gibt keine

---

1   vgl. J. HEISTER, Der internationale CO_2-Vertrag: Strategien zur Stabilisierung multilateraler Kooperation zwischen souveränen Staaten, in: H. Siebert (Hrsg.), Kieler Studien, Institut für Weltwirtschaft an der Universität Kiel, N. 282, Tübingen 1997, S. 1
2   vgl. Bundesministerium für Umwelt, Naturschutz und Reaktorsicherheit (im Folgenden als BMU zitiert),
    http://www.bmu.de/klimaschutz/internationale_klimapolitik/doc/print/37650.php, o.Verf., Berlin 2008, 13.07.2008
3   vgl. J. HEISTER, Der internationale CO_2-Vertrag: Strategien zur Stabilisierung multilateraler Kooperation zwischen souveränen Staaten, in: H. Siebert (Hrsg.), Kieler Studien, Institut für Weltwirtschaft an der Universität Kiel, N. 282, Tübingen 1997, S.1
4   vgl. ebenda, S.1
5   vgl. R. SCHWARZE, Internationale Klimapolitik, Marburg 2000, S. 17

internationale Macht, die Umweltschutzmaßnahmen gegenüber den Staaten durchsetzen kann. Die Vereinten Nationen wären hier zwar als oberste Umweltschutzinstanz denkbar, aber ihnen fehlt die Legitimation. Globalen Umweltproblemen muss daher nicht mit Zwang, sondern mit Anreizen begegnet werden. Die Spieltheorie gibt Erklärungen, wie ein solches stabiles internationales Umweltschutzabkommen anreizverträglich ausgestaltet sein sollte. Die Public-Choice-Theorie erklärt das Zustandekommen der unterschiedlichen Positionen und die daraus resultierenden Konflikte in den Verhandlungen in der internationalen Umweltpolitik.

In dieser Studie greife ich mit der Betrachtung der internationalen Klimapolitik ein konkretes globales Umweltproblem heraus und untersuche, welchen Beitrag die Spieltheorie und die Public-Choice-Theorie zur Erklärung der Entwicklung der internationalen Klimapolitik leisten.

In diesem Zusammenhang ist es wichtig zu wissen, dass die Public-Choice-Theorie keine normative Theorie ist, sondern eine erklärende. Daher ist die Herangehensweise, um den Beitrag der Public-Choice-Theorie zur Erklärung der Entwicklung der internationalen Klimapolitik darzustellen, eine andere. Eine normative Erarbeitung wie im Fall der Spieltheorie in Kapitel 3.2 wird also nicht durchgeführt.

2 Klimawandel und internationale Klimapolitik

2.1 Ursachen für den Klimawandel und seine Folgen

Das Klima der Erde hat sich stets geändert und wird sich durch Variation äußerer Parameter und durch Wechselwirkungen zwischen Luft, Wasser, Eis, Böden, Erdkruste und Leben mit oder ohne Einfluss des Menschen auch weiterhin ändern.[6]

Ohne die Sonne gäbe es auf der Erde kein Leben. Doch erst bestimmte Spurenstoffe in der Luft ermöglichen lebensfreundliche Temperaturen. Diese gasförmigen Substanzen haben die Eigenschaft, zwar kurzwellige Sonnenstrahlung und sichtbares Licht durchzulassen, aber langwellige Strahlung, wie zum Beispiel Wärmestrahlung, zurückzuhalten. Auf diese Weise erwärmt sich die Atmosphäre über das ursprüngliche Maß hinaus. Diese Gase gelten als Treibhausgase, die von ihnen verursachte Erwärmung wird als „Treibhauseffekt" bezeichnet.

Die Treibhausgase Wasserdampf, Kohlendioxid, Ozon, Dickstickstoff und Methan erwärmen die Erdoberfläche um etwa 33 Grad Celsius. Ohne diese Gase und ihre Fähigkeit, die Wärmestrahlung der Oberfläche zum Teil zu absorbieren, betrüge die mittlere Oberflächentemperatur der Erde nur ca. -18 Grad Celsius.[7]

Seit Beginn der Industrialisierung kommt verstärkt der Mensch ins Spiel. Der „natürliche" Treibhauseffekt wird durch den zusätzlichen, „antrophogenen" Treibhauseffekt verstärkt.[8] Die von den Menschen verursachten Klimaveränderungen haben heute eine ähnliche Größenordnung wie die natürlichen und werden nach Meinung der meisten Klimatologen bald dominierend sein.[9]

---

6   vgl. C.-D. SCHÖNWIESE, Naturwissenschaftliche Grundlagen: Klima und Treibhauseffekt 1996 in: H.-G. Brauch (Hrsg.), Klimapolitik, Berlin, Heidelberg, New York 1996, S. 8
7   vgl. C..-D. SCHOENWIESE, Naturwissenschaftliche Grundlagen: Klima und Treibhauseffekt, in: H.-G. Brauch (Hrsg.), Klimapolitik, Berlin, Heidelberg, New York 1996, S. 16
8   vgl. H. GRASSL, Wetterwende. Vision: Globaler Klimaschutz, Frankfurt am Main und New York 1999, zitiert in G. FRICKE, Von Rio nach Kyoto – Verhandlungssache Weltklima: Global Governance, Lokale Agenda 21, Umweltpolitik und Macht, Berlin 2001, S. 13
9   vgl. G. FRICKE, Von Rio nach Kyoto – Verhandlungssache Weltklima: Global Governance, Lokale Agenda 21, Umweltpolitik und Macht, Berlin 2001, S. 13

Zusätzliche industriell produzierte Kohlenwasserstoffverbindungen und Halogene, die in der Atmosphäre natürlicherweise nicht vorkommen, tragen zum Treibhauseffekt bei. Menschliche Aktivitäten in den Bereichen Energieerzeugung und Verkehr, chemische Industrie und Landwirtschaft und die Vernichtung von Wäldern verstärken zusätzlich diesen Effekt.[10]

Kohlendioxid ist in diesem Zusammenhang das wichtigste freigesetzte Treibhausgas. Sein Anteil am zusätzlichen Treibhauseffekt wird für die achtziger Jahre des 20. Jahrhunderts auf 55% geschätzt.[11] Es entsteht vor allem bei der Verbrennung fossiler Energieträger wie Kohle, Erdöl und Erdgas, aber auch durch den Abbau oder die Vernichtung von Biomasse, wie zum Beispiel durch die Abholzung von Wäldern. Kohlendioxid unterliegt im Unterschied zu anderen klimarelevanten Spurengasen einem besonders komplexen Kreislauf und bleibt sehr lange in der Atmosphäre. In den vergangenen Jahrzehnten ist ein exponentieller Anstieg der Kohlendioxid-Emissionen zu beobachten; inzwischen liegt der Anteil „fossiler" Ausstöße an den gesamten anthropogenen Kohlendioxid-Emissionen bei über 75 %.[12]

Hauptverursacher dieser Emissionen und damit der globalen Klimaänderungen sind die Industrieländer. Zu unterscheiden sind reichtumsbedingte und armutsbedingte Umweltschädigungen bzw. Emissionen. Die USA waren 1992 das Land mit dem höchsten Kohlendioxid-Ausstoß, sie wiesen zugleich die höchste Pro-Kopf-Rate auf.[13]

Der vom Menschen verursachte Zuwachs der Treibhausgase kann, zu diesem Ergebnis kommen diverse Klimamodelle, bei unverändertem Verhalten und fehlenden Gegenmaßnahmen (z.B. unveränderter Nutzung fossi-

---

10 vgl. I. HAUCHLER, D. MESSNER, F. NUSCHELER (Hrsg.), Globale Trends 1998. Fakten Analysen, Prognosen, Stiftung Entwicklung und Frieden, Frankfurt am Main 1997, S. 256, zitiert in: G. FRICKE, Von Rio nach Kyoto – Verhandlungssache Weltklima: Global Governance, Lokale Agenda 21, Umweltpolitik und Macht, Berlin 2001, S. 13

11 vgl. R. LOSKE, Klimapolitik. Im Spannungsfeld von Kurzzeitinteressen und Langzeiterfordernissen, Marburg 1996, S. 41, zitiert in: G. FRICKE, Von Rio nach Kyoto – Verhandlungssache Weltklima: Global Governance, Lokale Agenda 21, Umweltpolitik und Macht, Berlin 2001, S. 13

12 vgl. ENQUETE-KOMMISSION, „Schutz der Erdatmosphäre" des Deutschen Bundestages (Hrsg.): Mehr Zukunft für die Erde. Nachhaltige Entwicklung für dauerhaften Klimaschutz. Schlussbericht der Enqute-Kommission des 12. Bundestages, Drucksache 12/8600, Bonn 1995, zitiert in: G. FRICKE, Von Rio nach Kyoto – Verhandlungssache Weltklima: Global Governance, Lokale Agenda 21, Umweltpolitik und Macht, Berlin 2001, S. 14

13 vgl. G. FRICKE, Von Rio nach Kyoto – Verhandlungssache Weltklima: Global Governance, Lokale Agenda 21, Umweltpolitik und Macht, Berlin 2001, S. 14

ler Brennstoffe) schon zum Ende des 21. Jahrhunderts eine Erwärmung um bis zu drei Grad Celsius bewirken. Eine globale Erwärmung um bis zu zwei Grad Celsius wird für wahrscheinlich gehalten.[14]

Solche rapiden Klimaveränderungen verschieben den Niederschlagsgürtel, lassen den Meeresspiegel ansteigen, führen zu einer nicht mehr angepassten Vegetation, gefährden die menschliche Ernährung durch Verschiebung der Anbauzonen und Ausweitung der Wüstenflächen und provozieren neue Wetterextreme.

Siebzig Prozent der Erdoberfläche sind von Ozeanen bedeckt, die Küstenregionen besonders dicht besiedelt. Rund zwei Drittel der Weltbevölkerung leben in weniger als 100 Kilometer Entfernung von den Meeren. Sollte der Meeresspiegel künftig um einen Meter steigen, so brächte dies 118 Millionen Menschen in Gefahr. Die Landverluste bei einigen Staaten können bis zu achtzig Prozent betragen. Effiziente Küstenschutzmaßnahmen wiederum können sich nur die ökonomisch weit entwickelten Länder leisten.[15] 36 Inselstaaten gründeten daher die „Alliance of Small Island States" (AOSIS), um auf den internationalen Klimakonferenzen wirksame Maßnahmen einzufordern.[16]

Die absehbare Betroffenheit und die Verursachung des Problems stehen, wie schon angedeutet, in einem umgekehrt proportionalem Verhältnis: Während die Industrieländer den Hauptteil zum vom Menschen gemachten Treibhauseffekt beitragen bzw. historisch betrachtet, beigetragen haben, werden sie von seinen Folgen ungleich schwächer geschädigt als die Staaten des Südens; die Entwicklungsländer haben dagegen in der Vergangenheit nur geringfügig zur Emission von klimawirksamen Spurengasen beigesteuert, müssen aber in viel stärkerem Maße die Folgen des zusätzlichen Treibhauseffekts tragen.[17]

---

14 Vgl. International Panel on Climate Exchange (IPCC), Working Group I, Climate Change 1995, The Science of Climate Change, Camebridge 1996, zitiert in: G. FRICKE, Von Rio nach Kyoto – Verhandlungssache Weltklima: Global Governance, Lokale Agenda 21, Umweltpolitik und Macht, Berlin 2001, S. 16
15 vgl. G. FRICKE, Von Rio nach Kyoto – Verhandlungssache Weltklima: Global Governance, Lokale Agenda 21, Umweltpolitik und Macht, Berlin 2001, S. 16
16 vgl. ebenda, S. 16
17 vgl. A. AGARWAL, S. NARAIN, Global Warming in an Unequal World – a Case of Environmental Colonialism, Neu Delhi 1990, zitiert in: G. FRICKE, Von Rio nach Kyoto – Verhandlungssache Weltklima: Global Governance, Lokale Agenda 21, Umweltpolitik und Macht, Berlin 2001, S.17

2.2 Der Weg von der Erkenntnis des Klimaproblems zur Erkenntnis der Notwendigkeit des Handelns

Erst in den achtziger Jahren des zwanzigsten Jahrhunderts konnte sich der „globale Klimawandel" auf der internationalen politischen Agenda etablieren. 1992, auf dem Gipfel der Vereinten Nationen über Umwelt und Entwicklung in Rio de Janeiro, wurde eine Klimarahmenkonvention (KRK 1992) unterzeichnet und trat im März 1994 in Kraft.[18]

In vielfältigen „Neo-Theorien" seit den siebziger Jahren wird die Umwelt als explizites „issue" der internationalen Politik entdeckt. Die Zahl der umweltpolischen Studien ist seit den frühen siebziger Jahren parallel dazu stark angewachsen.[19]

Mit Beginn der achtziger Jahre gewannen Untersuchungen über die Luftreinhaltepolitik in Europa, ab Mitte der achtziger Jahre über die Ozonpolitik an Bedeutung. Dabei steht bei den meisten Arbeiten die Frage im Mittelpunkt, wie die kooperative Bearbeitung internationaler Umweltkonflikte durch die Schaffung von normativen Institutionen in Form von „internationalen Regimes" möglich wird. Seit Ende der achtziger, Anfang der neunziger Jahre spielt innerhalb der politikwissenschaftlichen Beschäftigung mit weltweiten Umweltproblemen die Klimapolitik eine immer wichtigere Rolle. In der Regel wird die Genese der Klimapolitik - mit dem institutionellen Höhepunkt der Verabschiedung der Klimarahmenkonvention (KRK 1992) - in den deutschsprachigen Arbeiten als schrittweise Etablierung eines „Klimaregimes" beschrieben.[20]

In den neunziger Jahren, von Rio bis zur Konferenz von Kyoto 1997, wird auch die lokale (einzelstaatliche) Ebene zu Umsetzung der weltweiten Klimapolitik entdeckt. Viele vor allem netzwerkanalytische Arbeiten, die sich in erster Linie auf die Innenpolitik beziehen, sehen auch die internationale Umwelt- bzw. Klimapolitik in starkem Maße geprägt von innerstaatlichen Prozessen und Dynamiken. Die jeweiligen Strukturen des politischen Systems und der politischen Netzwerke, die gesellschaftlichen Kraftverhältnisse und die „politische Kultur" innerhalb der Staaten seien dafür verantwortlich, welche umweltpolitische Position ein Staat nach außen vertritt.

---

18 vgl. A. AGARWAL, S. NARAIN, Global Warming in an Unequal World – a Case of Environmental Colonialism, Neu Delhi 1990, zitiert in: G. FRICKE, Von Rio nach Kyoto – Verhandlungssache Weltklima: Global Governance, Lokale Agenda 21, Umweltpolitik und Macht, Berlin 2001, S. 17

19 vgl. ebenda, S. 20

20 vgl. G. FRICKE, Von Rio nach Kyoto – Verhandlungssache Weltklima: Global Governance, Lokale Agenda 21, Umweltpolitik und Macht, Berlin 2001, S. 20

2.3 Stationen internationaler Klimapolitik

Wie bereits angeführt, wird in Wissenschaftskreisen seit Ende der 70er Jahre über den anthropogenen Klimawandel diskutiert. Der politische Prozess zum Schutz des Klimas begann Ende der achtziger Jahre und führte zunächst zum Abschluss der Klimarahmenkonvention. Diese trat 1994 in Kraft. Seit 1995 gibt es jährliche Klimakonferenzen, bezeichnet als Vertragsstaatenkonferenzen mit der englischen Bezeichnung „Conference of Parties" (COP) im Rahmen der Vereinten Nationen.

Auf der dritten Klimakonferenz im Jahr 1997 verabschiedete man das Kyoto-Protokoll. Hier einigten sich die verhandelnden Staaten erstmals darauf, ihre Treibhausgasemissionen zu reduzieren und setzten dafür einen verbindlichen Zeitrahmen. Noch heute findet ein Großteil der internationalen Klimapolitik auf der Grundlage der Klimarahmenkonvention und des Kyoto-Protokolls statt. Dieser Prozess wird begleitet von dem IPCC-Expertengremium.[21] Diese Sachstandsberichte sollen als wissenschaftliche Basis die internationalen Klimaverhandlungen unterstützen.[22]

Die 1992 im Rahmen der Konferenz der Vereinten Nationen für Umwelt und Entwicklung in Rio de Janeiro ins Leben gerufene Klimarahmenkonvention ist ein internationales, multilaterales Umweltschutzabkommen. Im Rahmen dieses Abkommens zielen die Vertragsstaaten sowohl auf eine Minderung der anthropogenen Einflüsse auf das Klima als auch auf eine Verlangsamung der globalen Erwärmung und eine Milderung der Klimafolgen.

---

21 Das Intergovernmental Panel on Climate Change (IPCC; Zwischenstaatlicher Ausschuss für Klimaänderungen), im Deutschen als Weltklimarat bezeichnet, wurde im November 1988 vom Umweltprogramm der Vereinten Nationen (UNEP) und der Weltorganisation für Meteorologie (WMO) ins Leben gerufen. Hauptaufgabe des der Klimarahmenkonvention beigeordneten Ausschusses ist es, Risiken der globalen Erwärmung zu beurteilen und Vermeidungsstrategien zusammenzutragen. Der Sitz des IPCC-Sekreteriates befindet sich in Genf. Die Organisation wurde 2007, gemeinsam mit dem ehemaligen US-Vizepräsidenten Al Gore, mit dem Friedensnobelpreis ausgezeichnet.
22 vgl. BMU, http://www.bmu.de/klimaschutz/internationale_klimapolitik; Berlin, o. Verf., o.J., 20.04.08

Diese Absichtserklärung galt zunächst nur für Industrieländer, die sogenannten „Annex-I-Staaten"[23] Zu diesen gehören als Hauptproduzenten
der klimaschädlichen Treibhausgase vor allem die OECD-Staaten und die
Europäische Union. Entwicklungsländer wurden von einer Reduktion ihrer
Emissionen zunächst freigestellt. Das in dieser Klimarahmenkonvention
anvisierte, ein die Störung des Klimasystems verhindernde Niveau der
Treibhausgaskonzentration wird dort offen gelassen. Die Europäische U-
nion hat sich in ihrem Umweltaktionsprogramm 2002 zum Ziel gesetzt,
die globale Erwärmung auf höchstens zwei Grad Celsius gegenüber vor-
industriellen Zeiten zu begrenzen.[24]

Um das Ziel der Klimarahmenkonvention zu erreichen, haben sich alle
Unterzeichner verpflichtet, Klimaschutzmaßnahmen einzuleiten.[25] Weiterhin wurde mit der Unterzeichnung der Klimarahmenkonvention von
1992 ein kontinuierlicher Verhandlungsprozess auf internationaler Ebene
ins Leben gerufen, in dessen Rahmen vielfältige Aspekte der internationalen Klimapolitik erörtert werden und dementsprechende Entscheidungen getroffen werden. Die Konvention legt fest, dass sich die
beteiligten Staaten alljährlich im Rahmen einer Konferenz der Vertragsstaaten treffen, um dahingehend weitere Maßnahmen zu beraten.[26]

Im Folgenden wird der Weg dieser Konferenzen mit den jeweiligen wichtigsten Ergebnissen kurz dargestellt: 1992 wurde auf der Konferenz der
Vereinten Nationen zu „Umwelt und Entwicklung", dem sogenannten
„Erdgipfel", in Rio de Janeiro die Klimarahmenkonvention unterzeichnet,
die dann 1994 in Kraft trat.

Die erste Vertragsstaatenkonferenz der Klimarahmenkonvention (VSK)
1995 in Berlin erteilte das „Berliner Mandat" über ein Protokoll zur Verhandlung über die Reduktion von Treibhausgasemissionen. 1996 in Genf

---

23 Der Annex I der Klimarahmenkonvention von 1992 listet alle Länder auf, die im
    Rahmen der Klimarahmenkonvention die Selbstverpflichtung zur Reduktion ihrer
    Treibhausgasemissionen bis zum Jahr 2000 auf das Niveau von 1990 übernommen
    haben. Auf der Liste stehen alle OECD-Länder (außer Korea und Mexiko) sowie al-
    le osteuropäischen Länder (außer Jugoslawien und Albanien). Der Begriff "Annex-
    I-Länder" wird daher oft synonym mit "Industrieländer" benutzt, mit "Non-Annex-
    I-countries" sind in der Regel die Entwicklungs- und Schwellenländer gemeint.
24 vgl. BMU,
    http://www.bmu.de/klimaschutz/internationale_klimapolitik/doc/37650.php, Ber-
    lin, o. Verf., o.J., 22.08.2008
25 vgl. BMU,
    http://www.bmu.de/klimaschutz/internationale_klimapolitik/glossar/doc/2902.ph
    p, Berlin, o. Verf., o.J., 25.07.2008
26 vgl. ebenda

erfolgte eine Ministererklärung, wonach Ziele zur Reduktion von Treibhausgasen rechtlich verbindlich ausgestaltet werden sollten. Auf der dritten VSK in Kyoto 1997 wird das „Kyoto-Protokoll" zur Reduktion von Treibhausgasemissionen von der Staatengemeinschaft angenommen und ein Jahr später wurde in Buenos Aires ein Arbeitsplan zur Ausgestaltung des Kyoto-Protokolls beschlossen. 1999 in Bonn gab es erste Fortschritte bei methodischen und technischen Fragen des Kyoto-Protokolls, um im folgenden Jahr in Den Haag das Scheitern der Verhandlungen zur Kenntnis nehmen zu müssen. Die Verhandlungen wurden daraufhin ausgesetzt und sollten baldmöglichst wieder aufgenommen werden. Der Grund für das Scheitern war, dass es bei Fragen um die Details des Kyoto-Protokolls zwischen der so genannten „UMBRELLAGROUP"[27] den Entwicklungsländern und der EU nicht zu einer Einigung kam.[28]

Die wichtigsten Streitpunkte waren der Umfang, in dem natürliche Senken und Wälder mit ihrer vorübergehenden Kohlenstoffspeicherfunktion auf die Kyoto-Reduktionsverpflichtungen angerechnet werden sollten, die Einbeziehung von diesen Senken in den Clean-Developement-Mechanism (CDM; genaueres hierzu im folgenden Abschnitt) und die Frage darüber, ob es verbindliche Regeln geben soll, wie viel ihrer Reduktionsverpflichtungen Industrieländer im eigenen Land erbringen müssten.

Die Fortsetzung dieser sechsten VSK fand in Bonn im Juli 2001 statt. Hier kam es schließlich zu einer Einigung über zentrale offene Fragen des Kyoto-Protokolls. Den Vertragsstaaten gelang es, trotz des Ausstiegs der USA im März 2001, eine Einigung zu erreichen und damit die Voraussetzungen für die Ratifikation und Umsetzung des Kyoto-Protokolls zu schaffen, womit auch gleichzeitig eine Wiederbelebung des damals stark in Kritik geratenen Klimaverhandlungsprozesses erreicht wurde. Doch der Preis dessen war eine starke Aufweichung der einstmals ehrgeizigen Klimaschutzziele.[29]

---

27 Nach Kyoto wurde die bisherige JUSSCANZ-Gruppe (Japan, USA, Schweiz, Canada, Neuseeland) in der internationalen Klimapolitik von der UMBRELLA-Gruppe abgelöst. Diese umfasst Australien, Island, Japan, Kanada, Neuseeland, Norwegen, die Russische Föderation und die USA. Die JUSSCANZ-Gruppe hat sich damit um die zwei Länder mit den höchsten Treibhausgas-Emissionen und mit ausgeprägtem Interesse an einem Emissionshandel erweitert. Bis auf die EU gehören alle westlichen Emittenten der Industrieländer dieser Gruppe an.

28 vgl. BMU, http://www.bmu.de/klimaschutz/internationale_klimapolitik; Berlin, o. Verf., o.J., 20.04.08

29 vgl. BMU, http://www.bmu.de/klimaschutz/internationale_klimapolitik; Berlin, o. Verf., o.J., 20.04.08

Marrakesch war noch im gleichen Jahr Gastgeber für die siebte VSK, deren zentrales Ergebnis das „Übereinkommen von Marrakesch" („The Marrakesch Accords") war. So waren in diesem 15 Entscheidungen umfassenden Paket unter anderem Entscheidungen zum System der Erfüllungskontrolle, zur Anrechenbarkeit von Senken und zur Förderung des Klimaschutzes in Entwicklungsländern getroffen worden. 2002 ratifizierten die EU, Japan, Norwegen und die osteuropäischen Staaten das Kyoto-Protokoll. Noch in diesem Jahr traf sich die Weltgemeinschaft im September zum Weltgipfel für nachhaltige Entwicklung in Johannesburg und zur achten Vertragsstaatenkonferenz in Neu Delhi. Während in Johannesburg im Bereich der Nachhaltigkeit verhandelt wurde und der Ausbau erneuerbarer Energien im Fokus stand, war in Neu Delhi der Zusammenhang zwischen nachhaltiger Entwicklung und Klimaschutz das zentrale Thema. [30]

Die neunte VSK in Mailand stand 2003 zunächst unter dem Eindruck der widersprüchlichen Aussagen Russlands zur Ratifizierung des Kyoto-Protokolls und der Unsicherheit zum Zeitpunkt des Inkrafttretens dessen sowie der in den Medien und Nebenveranstaltungen offensiven Darstellung des US-Ansatzes zur Klimapolitik mit den durch die USA bevorzugten freiwilligen Vereinbarungen. Ein wesentlicher Erfolg von Mailand ist der erzielte Abschluss der zweijährigen Verhandlungen über die Regeln für die Aufforstungs- und Wiederaufforstungsprojekte in Entwicklungsländern. Damit wurde die letzte Lücke in den Umsetzungsregeln des Kyoto-Protokolls geschlossen. [31]

In Buenos Aires wurde 2004 der zehnte Jahrestag der Klimarahmenkonferenz gefeiert. Anpassungsmaßnahmen an den schon heute stattfindenden Klimawandel standen als Thema im Mittelpunkt. Gerade die Entwicklungsländer drängten hierbei auf eine stärkere Berücksichtigung bei den internationalen Beratungen zum Klimaschutz. Sie sind am stärksten betroffen und verfügen zugleich über keine ausreichenden Mittel, um den Folgen des Klimawandels zu begegnen. Auf dieser zehnten VSK wurde daher auch über den Finanzbedarf beraten, der für die Umsetzung der KRK in den Entwicklungsländern besteht. [32]

30 vgl. BMU. http://www.bmu.de/klimaschutz/internationale_klimapolitik/1-10_klimakonferenz/36721 - 49k -, Berlin, o. Verf., o.J., 22.08.2008
31 vgl. BMU, http://www.bmu.de/klimaschutz/internationale_klimapolitik; Berlin, o. Verf., o.J., 20.04.08
32 vgl. BMU, http://www.bmu.de/klimaschutz/internationale_klimapolitik/1-10_klimakonferenz/doc/38060.php, Berlin, o. Verf., o.J., 22.08.2008

Die elfte Vertragsstaatenkonferenz der Klimarahmenkonvention 2005 in Montreal war zugleich die erste des Kyoto-Protokolls (nach dessen Inkrafttreten am 16. Februar 2005). Der KRK gehörten mit 189 Staaten fast alle Länder der Welt an. Davon haben 156 Staaten, darunter Deutschland und alle übrigen EU-Länder, zusätzlich das Kyoto-Protokoll ratifiziert.[33]

Staaten wie die USA und Australien, die nur die Klimarahmenkonvention akzeptiert haben, das Kyoto-Protokoll aber ablehnen,[34] konnten an den Verhandlungen in Kanada als Beobachter teilnehmen. Hier wurde ein Fahrplan zur Fortentwicklung des internationalen Klimaschutzregimes post 2012 entwickelt; mit den zwei parallelen Strängen der Klimarahmenkonvention und des Kyoto-Protokolls. Im Zuge der KRK begann im Frühjahr eine zweijährige Dialogphase mit Workshops. Durch Wechselwirkungen mit einer Arbeitsgruppe über die Reduktionsverpflichtungen der Vertragsstaaten des Kyoto-Protokolls wurde eine gewisse Verzahnung der beiden Stränge erreicht. Außerdem wurde das Kyoto-Protokoll mit Annahme der Marrakesch-Vereinbarungen vollständig ausgestaltet und mit einem Überprüfungsregime ausgestattet.

Seit 2005 besteht außerhalb des Kyoto-Protokolls die Asiatisch-Pazifische Partnerschaft für saubere Entwicklung und Klima.[35] Diese zielt auf die Förderung klimafreundlicher Techniken durch öffentliche Förderprogramme, ganz im Gegensatz zum Kyoto-Protokoll, das durch Festlegung von Reduktionszielen eine Entwicklung der Märkte in Richtung Klimaschutz erwirken will. Das Verständnis der USA von Klimaschutz wird hier widergespiegelt. Indien, China, Südkorea und Japan haben zugleich auch das Kyoto-Protokoll ratifiziert. Die APP sieht sich als eine Ergänzung zum Kyoto-Protokoll und nicht als Alternative und es wurden keine Reduzierungspflichten festgeschrieben.[36]

Damit Afrika stärker am Clean Developement Mechanism teilnehmen kann, soll der Kontinent laut Beschluss der zwölften Vertragsstaatenkonferenz der Klimarahmenkonvention bzw. der zweiten Vertragsstaatenkonferenz des Kyoto-Protokolls (2006 in Nairobi) durch Aufbau von Ka-

---

33 vgl. BMU, http://www.bmu.de/klimaschutz/internationale_klimapolitik; Berlin, o. Verf., o.J., 20.04.08
34 Australien ratifizierte das Kyoto-Protokoll schließlich im Jahr 2007
35 Asia-Pacific-Partnership on Clean Development and Climate, APP. Ihr gehören sechs Staaten an: USA, Australien, Indien, Japan, China und Südkorea. Insgesamt lassen sich mehr als 50 Prozent der weltweit ausgestoßenen CO_2-Emissionen auf diese sechs Länder zurückführen.
36 vgl. H. BARDT / J.-W. SELKE , Klimapolitik nach 2012: Optionen für den internationalen Klimaschutz, aus der Reihe: Positionen – Beiträge zur Ordnungspolitik, Nr. 29, Institut der deutschen Wirtschaft (Hrsg.), Köln 2007, S. 27 f.

pazitäten und mit Hilfe bei der Entwicklung konkreter Projekte unterstützt werden. In Nairobi wurde durch eine Arbeitsgruppe zudem festgestellt, dass die globalen Emissionen bis zum Jahr 2050 halbiert werden müssen, und es wurde darauf aufbauend geprüft, welche Beiträge die flexiblen Mechanismen hierzu leisten können. Weiter wurde eine Überprüfung des Kyoto-Protokolls bis 2008 vereinbart.

Die Diskussion stieß in Nairobi in zusätzliche Dimensionen vor: Der ehemalige Chefökonom der Weltbank, Sir N. Stern, präsentierte während der Konferenz den so genannten „Stern-Bericht". Hauptaussage dieses Berichts ist die Erforderlichkeit des Klimaschutzes nicht nur aus ökologischer Perspektive, sondern auch aus wirtschaftlichen Überlegungen heraus, denn die Kosten des Klimawandels übersteigen die des Handelns bei weitem. Der damalige UN-Generalsekretär Kofi Annan stellte in einer Rede den Klimaschutz auf eine Ebene mit den Menschheitsherausforderungen der Armutsbekämpfung und Rüstungskontrolle. Der Klimawandel beeinträchtige die Entwicklung der Staaten und werde zunehmend sicherheitspolitisch relevant.[37]

Bali begrüßte 2007 die 13. bzw. dritte VSK der Klimarahmenkonvention bzw. des Kyoto-Protokolls. Die EU strebte hier an, einen umfassenden Verhandlungsprozess, die „Bali Roadmap", zu vereinbaren. In ihr sollen die wesentlichen Verhandlungsinhalte beschrieben und ein Verhandlungszeitplan festgelegt werden. Weiterhin sollen bis 2009 die Verhandlungen für ein neues und umfassendes, auf dem Kyoto-Protokoll aufbauendes Klimaschutzregime abgeschlossen sein, damit nach dem Ende der ersten Verpflichtungsperiode des Kyoto-Protokolls 2012 keine Lücke entsteht.[38]

Ähnliche Fragen zum Klimaschutz wurden auch beim G8-Gipfel 2007 in Deutschland behandelt: Die Staats- und Regierungschefs haben hier den Grundstein gelegt für ein langfristiges Ziel zur Reduktion der Treibhausgasemissionen. Diese sollen bis 2050 mindestens halbiert werden. Auch soll Ende 2009 im Rahmen der UN ein post-2012 Klimaschutzabkommen abgeschlossen werden, der alle Hauptverschmutzer einschließt.[39]

---

37 vgl. BMU, http://www.bmu.de/klimaschutz/internationale_klimapolitik; BMU, http://www.bmu.de/klimaschutz/internationale_klimapolitik; Berlin, o. Verf., o.J., 20.04.08
38 vgl. ebenda
39 vgl. BMU, http://www.bmu.de/int._umweltpolitik/g8/umweltministertreffen, 28.04.2008

Im April 2008 endete die UN-Klimakonferenz im thailändischen Bangkok. Dort verständigten sich die Vertragsstaaten auf einen konkreten Zeitplan für die UN-Klimaverhandlungen der folgenden Monate. Bis zum UN-Gipfel im Dezember 2008 in Poznan soll es zwei weitere Verhandlungsrunden geben.[40]

Im Juni 2008 kamen darauf hin in Bonn Verhandlungsgremien zusammen, um zum einen das Kopenhagenabkommen 2009 (14. VSK der KRK bzw. vierte VSK des Kyoto-Protokolls) und zum anderen die neuen Verpflichtungen der Industriestaaten für die Zeit nach 2012 vorzubereiten. Letzteres ist schon seit Montreal 2005 im Gange. Da diese Arbeitsgruppe in Bali unter der Klimarahmenkonvention eingerichtet worden war, saßen die USA hier als Ratifizierer der KRK mit am Verhandlungstisch. Verhandlungen über Reduktionsziele soll es aber erst geben, wenn 2009 die neue US-Regierung gewählt ist.[41]

Das G8-Treffen in Japan brachte die „gemeinsame Vision" hervor, die klimaschädlichen Emissionen um mindestes 50 % zu verringern. Damit gingen die G8 über die Erklärung des letzten Gipfels in Heiligendamm hinaus, in der sie eine Halbierung solcher Emissionen „ernsthaft prüfen" wollten. Auch einigten sich die mächtigsten Industriestaaten darauf, die Verhandlungen über ein neues Klima-Rahmenabkommen der Uno aktiv zu unterstützen. Diese Ergebnisse stellen eine wichtige Grundlage für die Klimaschutzverhandlungen dar, die 2009 in Kopenhagen abgeschlossen werden sollen.[42]

2.4 Eckpunkte und Ergebnisse aus den Klimaverhandlungen

2.4.1 Eckpunkte der Klimaverhandlungen

Auf der Konferenz der Vereinten Nationen für Umwelt und Entwicklung wurde 1992 das Klimarahmenübereinkommen gezeichnet, das am 21. März 1994 in Kraft trat. Bereits im Rahmen des Übereinkommens verein-

---

40 vgl. GERMANWATCH e.V., Pressemitteilung zum Abschluss der UN-Klimakonferenz in Bangkok, o.Verf., Bangkok 2008,
    http://www.germanwatch.org/presse/2008-04-04.htm, 13.10.2008
41 vgl. M TREBER, S. HARMELING, C. BALS, Forum Umwelt & Entwicklung - Rundbrief 2/2008, Bonn 2008,
    http://www.schattenblick.de/infopool/umwelt/klima/ukluno43.html, 30.09.2008
42 vgl. EHRLICH P., G8-Gipfel in Japan - Trippelschritt für das Klima, in: FTD.de, Financial Times Deutschland, Toyako, 08.07.2008
    http://www.ftd.de/politik/international/:G8%20Gipfel%20Japan%20Trippelschritt%20Klima/383254.html, 23.09.2008

barten die dort in Anlage I des Klimarahmenabkommens aufgeführten Vertragsparteien (Annex-I-Länder) die anthropogenen Treibhausgasemissionen einzeln oder in Zusammenarbeit mit anderen Vertragsstaaten auf das Niveau von 1990 abzusenken. Entsprechend ihrem Rahmencharakter enthält die Konvention jedoch keine rechtlich verbindlichen quantifizierten Verpflichtungen zur Reduktion von Treibhausgasemissionen.

Die wichtigste vom Rahmenübereinkommen eingesetzte Institution ist die Konferenz der Vertragsstaaten (COP). Sie prüft die Durchführung des Übereinkommens und die Angemessenheit der Verpflichtungen, beurteilt die Gesamtwirkung des Übereinkommens und die Erfüllung der notwendigen sonstigen Aufgaben.

Am 11. Dezember 1997 wurde auf der Dritten Vertragsstaatenkonferenz (COP 3) in Kyoto ein Klimaschutzprotokoll, das Kyoto-Protokoll, verabschiedet, das die Industrieländer erstmals in rechtsverbindlicher Form zur Reduktion von Treibhausgasemissionen verpflichtet.

Innerhalb der vorgesehenen Ein-Jahresfrist von 16. März 1998 bis zum 15. März 1999 wurde das Protokoll von 84 Vertragsparteien des Klimarahmenübereinkommens unterzeichnet, darunter alle bedeutenden Treibhausgasemittenten.

Seit dem 15. März 1999 steht das Protokoll den Vertragsparteien des Übereinkommens zur Ratifikation offen. Das Protokoll tritt am neunzigsten Tag nach dem Zeitpunkt in Kraft, zu dem mindestens 55 Vertragsstaaten des Klimarahmenübereinkommens, auf die wiederum mindestens 55 Prozent der Kohlendioxid-Emissionen der Industriestaaten im Jahre 1990 entfallen, ihre Ratifikations-, Annahme-, Genehmigungs- oder Beitrittsurkunden hinterlegt haben.

Im Rahmen der Sechsten Vertragsstaatenkonferenz der Klimarahmenkonvention der Vereinten Nationen (COP 6) in Bonn und der Siebten Vertragsstaatenkonferenz (COP 7) in Marrakesch hat die internationale Staatengemeinschaft unter maßgeblicher Beteiligung der Europäischen Union den Weg für eine Ratifikation des Kyoto- Protokolls geebnet.

Nachdem die USA 2001 unter US-Präsident Bush eine ablehnende Haltung gegenüber dem Kyoto-Protokoll bekundeten und Kritik an dem Vertragswerk übten, kristallisierte sich in der Folge eine Schlüsselrolle Russlands für das Inkrafttreten des Protokolls heraus. Nach langen Verhandlungen ratifizierte Russland am 18. November 2004 schließlich das Kyoto-Protokoll und machte damit endgültig den Weg für dessen Inkrafttreten frei.

Das Protokoll trat am 16. Februar 2005 völkerrechtlich in Kraft. Als weltweit größter Einzelemittent an Treibhausgasen lehnen die USA eine Ratifikation des Protokolls weiterhin ab. Dieser Haltung schloss sich lange Zeit Australien an, das schließlich 2007 ratifizierte.

Als Gegenmodell zum Kyoto-Protokoll hatten die USA und Australien im Juli 2005 gemeinsam mit Indien, Japan, China und Südkorea ein Klimaschutzabkommen vorgestellt, das keine Emissionsminderungen fixiert, sondern auf die Entwicklung von klimafreundlichen Technologien und Technologietransfer setzt. Als Schlagworte wurden erneuerbare Energien, Energieeffizienz und die treibhausgasärmere Energiegewinnung genannt.[43]

2.4.2 Das Kyoto-Protokoll - Reduktionspflichten

Im Kyoto-Protokoll haben sich die in Anlage B des Kyoto-Protokolls aufgeführten Industrieländer (Annex-B-Länder)[44] darauf verständigt, die Emissionen der sechs Treibhausgase Kohlendioxid, Methan und Distickstoffoxid bzw. die Treibhausgase teilhalogenierte Fluorkohlenwasserstoffe, perfluorierte Kohlenwasserstoffe und Schwefelhexafluorid in ihrer Wirkungssumme von 2008 bis 2012 um mindestens 5 Prozent unter das Niveau von 1990 zu senken. Bei den Fluorkohlenwasserstoffen, perfluorierenden Kohlenwasserstoffen und Schwefelhexaflouriden können die Annex-B-Länder zwischen 1990 und 1995 als Basisjahr wählen.

Die Annex-B-Länder haben sich damals zu unterschiedlichen prozentualen Reduktionen bereit erklärt, die in der Anlage B im Kyoto-Protokoll beschrieben sind. Die im Kyoto-Protokoll genannten Reduktionsverpflichtungen wurden mit dem Inkrafttreten des Kyoto-Protokolls nur für jene Vertragsparteien wirksam, die das Protokoll ratifiziert haben. Dies trifft nicht auf alle Staaten in Anlage B des Protokolls zu.

---

43 vgl. DONNER, HERKOMMER, Das Kyoto-Protokoll - Verhandlungen und Verpflichtungen, 3. aktualisierte Fassung, in: Wissenschaftliche Dienste des Deutschen Bundestags, Berlin 2005, S. 3 ff.

44 Der Annex B des Kyoto-Protokolls von 1997 listet alle Länder auf, die im Rahmen des Kyoto-Protokolls konkrete Emissionsreduktionsverpflichtungen in der ersten Verpflichtungsperiode (2008-2012) übernommen haben. Auf der Liste stehen alle Annex-I-Länder plus Kroatien, Slowenien, Monaco und Liechtenstein, jedoch ohne Weißrussland und Türkei. Der Begriff "Annex-B-Länder" wird daher ebenfalls oft synonym mit "Industrieländer" benutzt, mit "Non-Annex-B-countries" sind in der Regel die Entwicklungs- und Schwellenländer gemeint. vgl. BMU, www.bmu.de/klimaschutz/internationale_klimapolitik/glossar/doc/2902.php, 22.4.2008

Für die EU gilt eine Sonderregelung. Zum Beispiel vereinbarten Deutschland, Frankreich und Großbritannien zunächst eine Minderung um 8 Prozent, während die USA damals eine Reduktion von sieben Prozent angab. Die Russische Föderation, Neuseeland und die Ukraine akzeptierten ihre Emissionen nicht über das Niveau von 1990 ansteigen zu lassen. Da die Emissionen in den neunziger Jahren insbesondere in der Russischen Föderation und der Ukraine mit der Stilllegung von Anlagen zurückgegangen waren, erlaubt die Null-Vorgabe diesen Ländern de facto nun eine Emissionserhöhung. Norwegen, Island und Australien erklärten sich zu einer Begrenzung ihrer Emissionen bereit, die über dem Niveau von 1990 liegt.[45]

2.4.3   Das Kyoto-Protokoll - Maßnahmen und Bestimmungen

Um die Emissionsbegrenzungen zu erfüllen, nennt das Protokoll nationale und internationale Maßnahmen. Beispielsweise seien für den Energiebereich die Forderungen nach einer Verbesserung der Energieeffizienz, nach der „Erforschung, Förderung und Entwicklung und vermehrten Nutzung von neuen und erneuerbaren Energieformen, und innovativen umweltverträglichen Technologien beispielhaft genannt.

Die internationalen Mechanismen sollen vor allem dazu beitragen, den Klimaschutz ökonomisch und effizient zu gestalten. Dazu definiert das Kyoto-Protokoll vier so genannte flexible Mechanismen, die es den Industrieländern erlauben, Klimaschutzmaßnahmen in anderen Industriestaaten oder in Entwicklungsländern zu finanzieren und die damit erzielten Emissionsminderungen auf ihre Reduktionsverpflichtungen anzurechnen:

Bubble: Unter einer Emissionsglocke (Bubble) ist es Annex-I-Ländern erlaubt, ihre Emissionen der sechs Treibhausgase und ihre Emissionsminderungspotenziale durch Senken[46] zusammenzulegen. Dieses Summenszenario kann dann derart neu aufgeteilt werden, dass die insgesamt zulässigen Emissionen je Land nicht überschritten werden.

---

45 vgl. DONNER, HERKOMMER, Das Kyoto-Protokoll - Verhandlungen und Verpflichtungen, 3. aktualisierte Fassung, in: Wissenschaftliche Dienste des Deutschen Bundestags, Berlin 2005, S. 3 ff
46 Ein Ökosystem, das Kohlenstoff aus der Atmosphäre entfernt, ist eine Senke (so entnimmt etwa ein Baum im Laufe seiner Wachstumsphase der Atmosphäre Kohlenstoff). Teil des Kompromisses der Vertragsstaaten im Bonner Beschluss war, dass die Kohlenstoffeinbindung in Senken bis zu gewissen Grenzen auf die Emissionsreduktionsverpflichtungen angerechnet werden können.

Joint Implementation (JI): Das JI ermöglicht Annex-I-Ländern, in anderen Annex-I-Ländern Projekte zur Emissionsreduktion und zum Senkenaufbau durchzuführen, um damit Emissionsgutschriften zu erwerben, die sie sich auf ihre eigenen Reduktionspflichten anrechnen lassen können.

Clean Development Mechanism (CDM): Der CDM erlaubt es, Annex-I-Ländern Projekte zur Emissionsminderung in Nicht-Annex-I-Ländern durchzuführen. Entsprechend dem Umfang der eingesparten Emissionen erwirbt das Annex-I-Land Emissionsgutschriften, die es auf seine Reduktionspflichten anrechnen kann.

Joint Implementation und der Clean Developement Mechanism ermöglichen die Erteilung von Gutschriften, wenn die Emissionsverringerungen infolge von Projekten höher sind, als dies ohne Durchführung der Projekte der Fall gewesen wäre. Ein derartiges Projekt könnte beispielsweise der Einbau moderner Technologie zur Effizienzsteigerung eines Kohlekraftwerks sein. Joint Implementation und Clean Developement Mechanism unterscheiden sich dahingehend, dass die Projekte in Ländern mit unterschiedlichen Verpflichtungen durchgeführt werden. Joint Implementation-Projekte werden in Industrie- und Transformationsländern durchgeführt. Hier sind also mindestens zwei Länder beteiligt, die sich zu einem Emissionsziel im Kyoto-Protokoll verpflichtet haben. Die im Rahmen von Joint Implementation-Projekten erzielten Emissionsreduzierungen werden als Emissionsreduktionseinheiten (ERU) bezeichnet und in dem Land ausgestellt, in dem das Projekt durchgeführt wird. Bei der Durchführung eines JI-Projekts werden die Emissionsreduktionen eines Landes auf ein anderes Land übertragen, wobei die höchstzulässigen Emissionen der Länder gleich bleiben („Nullsummen-Operation"). Das Gastland kann den Anteil der ihm zugeteilten übertragbaren Menge verringern, während das Investorland zusätzliche Emissionsrechte erwerben kann.

CDM-Projekte sind nach dem Kyoto-Protokoll in Entwicklungsländern durchzuführen. Die Annex-I-Länder können mit Gutschriften aus CDM-Projekten einen Anstieg ihrer inländischen Emissionen während des Verpflichtungszeitraums ausgleichen.

Emission Trading: Dieses Instrument erlaubt den Ländern mit Reduktionsverpflichtungen den Handel von Emissionszertifikaten. Die maßgeblichen Grundsätze, Modalitäten, Regeln und Leitlinien des Emissionshandels wurden im Protokoll offen gelassen und werden durch die Vertragsparteien gesondert festgelegt.

Das Prinzip des Emissionshandels besteht darin, dass Unternehmen vom Staat gewisse „Verschmutzungsrechte" in Form von Zertifikaten oder Lizenzen erhalten, die in bestimmten Abständen verringert werden. Emittiert ein Unternehmen weniger als es darf, kann es seine nicht benötigten Zertifikate an andere Unternehmen verkaufen, die mehr Emissionen verursachen als zugeteilt. Die EU führte als erster Vertragspartner des Kyoto-Protokolls den Emissionshandel am 01.01.2005 in ihren Mitgliedsstaaten ein.

Lastenverteilung: Neben diesen Kyoto-Mechanismen erleichtert die Möglichkeit der Lastenverteilung den Staaten das Erreichen ihres Emissionsziels. Beispielsweise fasst die EU die Emissionsziele ihrer Mitgliedsstaaten zusammen und erreicht dieses Ziel über eine Lastenverteilung innerhalb dieser Staaten. So verteilte die EU ihre gemeinsame Reduktionsverpflichtung von -8% in der ersten Verpflichtungsperiode in einem „Burden Sharing" (Lastenverteilung) 1998 intern neu. [47] Dieses Instrument ist als Sonderregelung für die EU anzusehen. Die EU nutzt dieses Instrument zur Lastenteilung, um die in Anlage B für die damals 15 EU-Staaten festgehaltenen Reduktionsverpflichtung von 8 Prozent zwischen den Mitgliedesstaaten aufzuteilen. Dabei wurden Spanien, Griechenland, Schweden, Irland und Portugal Emissionserhöhungen zugestanden. [48]

Sanktionen: Als Sanktion für die Nichteinhaltung der Reduktionsverpflichtungen ist vorgesehen, die zugeteilte Menge des betreffenden Landes für die zweite Verpflichtungsperiode um eine Menge zu kürzen, welche 30 Prozent größer ist als die zu viel emittierte Menge. Weiter wird der Partei das Recht, Emissionsgutschriften ins Ausland zu verkaufen, aberkannt, bis sie nachweisen kann, dass sie ihre Reduktionsverpflichtungen erfüllen wird, und einen Plan vorlegt, wie sie ihre Verpflichtungen in Zukunft zu erfüllen gedenkt.[49]

---

47 Danach lauten die Reduktionsverpflichtungen und Emissionsobergrenzen der EU-Mitgliedsstaaten bezogen auf ihre 1990er Emissionen Luxemburg: -28%, Deutschland, Dänemark: -21%, Österreich: -13%, Großbritannien: -12,5%Belgien: -7,5%, Italien: -6,5%, Niederlande: -6%, Finnland, Frankreich: +/-0%, Schweden: +4%, Irland: +13%, Spanien: +15%, Griechenland: +25%, Portugal: +27%., vgl. BMU,
http://www.bmu.de/klimaschutz/internationale_klimapolitik/glossar/doc/2902.php p, o. Verf., o.J., 2.4.2008

48 vgl. DONNER, HERKOMMER, Das Kyoto-Protokoll - Verhandlungen und Verpflichtungen, 3. aktualisierte Fassung, in: Wissenschaftliche Dienste des Deutschen Bundestags, Berlin 2005, S. 3 ff

49 vgl. SCHWEIZERISCHER BUNDESRAT, Botschaft über das Protokoll von Kyoto zum Rahmenübereinkommen der Vereinten Nationen über Klimaänderungen, o.Verf., o.O. 2002, Nr. 02.059 vom 21. 08.2002,
http://www.admin.ch/ch/d/ff/2002/6385.pdf, 25.06.2008

3 Der Beitrag der Spieltheorie zur Erklärung der Entwicklung der internationalen Klimapolitik

3.1 Theoretischer Hintergrund

Gegenstand der Spieltheorie ist die Analyse von strategischen Entscheidungssituationen, d.h. von Situationen, in denen das Ergebnis von den Entscheidungen mehrerer Entscheidungsträger abhängt, so dass ein einzelner das Ergebnis nicht unabhängig von der Wahl der anderen bestimmen kann, und jeder Entscheidungsträger sich dieser Interpendenz bewusst ist, jeder Entscheidungsträger davon ausgeht, dass alle anderen sich ebenfalls der Interdependenz bewusst sind und jeder diese Punkte bei seinen Entscheidungen berücksichtigt. [50]

Für die Erklärung der Entwicklung der internationalen Klimapolitik sind die spieltheoretischen Ansätze des Gefangenendilemmas, des Nash-Gleichgewichts, des Chicken-Games und der Tit-for-Tat-Strategie von Bedeutung, die im Folgenden in den Grundzügen dargestellt werden.

3.1.1 Gefangenendilemma und Nash-Gleichgewicht

Die wesentlichen Merkmale einer Spielsituation lassen sich mit Hilfe des wohl bekanntesten Spiels, dem Gefangenendilemma bzw. Prisoner's Dilemma, charakterisieren. [51]

Zwei Verdächtige werden in Einzelhaft genommen. Der Staatsanwalt ist sich sicher, dass beide eines schweren Verbrechens schuldig sind. Jedoch verfügt er über keine ausreichenden Beweise, um sie vor Gericht zu überführen. Er weist jeden Verdächtigen darauf hin, dass er zwei Möglichkeiten hat: das Verbrechen zu gestehen oder aber nicht zu gestehen. Wenn beide nicht gestehen, dann, so erklärt der Staatsanwalt, wird er sie wegen ein paar minderer Delikte wie illegalem Waffenbesitz anklagen, und sie werden eine geringe Strafe bekommen. Wenn beide gestehen, werden sie zusammen angeklagt, aber er wird nicht die Höchststrafe beantragen. Macht aber einer ein Geständnis, der andere jedoch nicht, so wird der Geständige nach kurzer Zeit freigelassen, während der andere die Höchststrafe erhält. [52]

---

50 vgl. M. HOLLER, G. ILLING, Einführung in die Spieltheorie, Fünfte Auflage, Berlin, Heidelberg, New York 2002, S. 1

51 vgl. ebenda, S. 2

52 vgl. R.D. LUCE, H. RAIFFA, Games and Decisions, Wiley, New York 1957, zitiert in M. HOLLER, G. ILLING, Einführung in die Spieltheorie, Fünfte Auflage, Berlin, Heidelberg, New York 2002, S. 2

Die Gefangenen können sich nicht absprechen, und wählen ihre Strategie gleichzeitig, ohne die Wahl des Mitspielers zu kennen. Die Spielsituation ist nicht-kooperativ. Als Lösung ergibt sich daher die nicht kooperative Strategie, dass beide Gefangenen gestehen werden.

Auf den ersten Blick ist die Strategiekombination, in der keiner gesteht, die für beide bessere Lösung, als diejenige Strategiekombination, in der beide gestehen. Es erwarten beide nur geringe Strafen, während bei beiderseitigen Geständnissen hohe Strafen, jedoch nicht die Höchststrafe, auf beide warten. Da beide sich nicht absprechen können und auch keine bindenden Abmachungen zwischen den Gefangenen entstehen können, muss jeder der Gefangenen damit rechnen, dass der andere gesteht. Den Anreiz hierzu gibt die Tatsache, dass der Gestehende nach kurzer Zeit entlassen wird, während den anderen Gefangenen die Höchststrafe erwartet. Um dieser Gefahr zu entgehen, werden beide Gefangenen die Strategie „gestehen" wählen. Dies ist die individuell rationale Entscheidung für jeden der beiden Gefangenen, unabhängig davon, welche Strategie die Gegenseite wählt. Die Kombination, in der beide gestehen, ergibt als Lösung ein Nash-Gleichgewicht in dominanten Strategien.

Ein solches Nash-Gleichgewicht ist eine Strategiekombination, bei der jeder Spieler seine optimale Strategie wählt, bei gegebener Strategie der anderen Spieler bzw. hier: des anderen Spielers. Wird ein Nash-Gleichgewicht realisiert, dann gibt es für keinen Spieler mehr einen Anreiz von dieser gleichgewichtigen Strategie abzuweichen. Das Konzept des Nash-Gleichgewichts basiert auf folgender Überlegung: Im Ausgangspunkt muss sich jeder Akteur Erwartungen darüber bilden, welche Strategie sein oder seine Gegenüber verfolgen werden. Auf dieser Grundlage hat der Akteur seine jeweils beste Antwort festzulegen. Indes gilt, dass sich die gegenseitigen Erwartungen aller Spieler nur in dem Fall bestätigen, wenn die den anderen Spielern unterstellten Strategien ihrerseits ebenfalls beste Antworten auf die Strategien der restlichen Akteure darstellen. Ein Nash-Gleichgewicht liegt also erst bei wechselseitig besten Antworten der Spieler vor.[53]

Die gleiche Lösung dieses Dilemmas würde sich ergeben, wenn die Gefangenen die Möglichkeit hätten, sich abzusprechen. Da es jedoch keine Möglichkeit für eine bindende Absprache zwischen den beiden Spielern mit möglichen Sanktionen für abweichendes Verhalten gibt, besteht auch weiterhin für jeden der beiden Gefangenen der Anreiz, von der Strategie

---

53 vgl. J. FRIEDMAN, Game Theory with Applications to Economics, New York und Oxford 1986, zitiert in: R. KRUMM, Internationale Umweltpolitik, Berlin u.a. 1996, S.7

des Schweigens abzuweichen und seinerseits zu gestehen. Die Lösung einer solchen Spielsituation wird also im Wesentlichen davon bestimmt, inwieweit die einzelnen Spieler Verpflichtungen über zukünftige Handlungen festlegen können. [54]

Die Eigenschaften des Gefangenendilemmas sind für eine ganze Reihe von ökonomischen Entscheidungssituationen charakteristisch. Die formale Struktur dieses Spiels lässt sich durch geeignete Interpretation von Strategiemenge (gestehen, nicht gestehen) und Auszahlungsmatrix (Höchststrafe, hohe Haftstrafe, geringe Haftstrafe, Entlassung nach kurzer Zeit) auf sehr unterschiedliche Fragestellungen übertragen.

Die für diese Studie relevante Fragestellung ist die über die private Bereitstellung öffentlicher Güter. Dies sind Güter, die von mehreren Personen gleichzeitig genutzt werden, ohne dass jemand davon ausgeschlossen werden kann. Das schon in der Einleitung genannte Ausschlussprinzip gilt hier also nicht. Dagegen gilt in diesem Fall das Prinzip der Nichttrivialität: Die Nutzung des einen Konsumenten beeinträchtigt nicht die Nutzung des anderen Konsumenten. Es ist eine wichtige Aussage der ökonomischen Theorie, dass die Bereitstellung der öffentlichen Güter durch einen privaten Marktmechanismus nicht effizient erfolgt. Weil ein öffentliches Gut auch ohne eigenen Zahlungsbeitrag genutzt werden kann, ist es individuell rational, sich als Trittbrettfahrer (bzw. Free Rider) zu verhalten. Das individuell rationale Verhalten führt dann dazu, dass öffentliche Güter privat erst gar nicht angeboten werden.

Die formale Struktur dieses ökonomischen Problems ist im Zwei-Personen-Fall identisch mit der des Gefangenendilemmas. Deutlich wird dies, wenn man folgendes Beispiel betrachtet: Zwei Personen werden gefragt, ob sie der Errichtung eines öffentlichen Parks zustimmen. Die Errichtung kostet 120 Euro. Wenn beide der Errichtung zustimmen, trägt jeder die Hälfte der Kosten. Wenn nur einer zustimmt, trägt er die gesamten Kosten. Stimmt keiner zu, wird der Park nicht gebaut. Die Zahlungsbereitschaft betrage für jeden jeweils 110 Euro. Die Differenz zwischen Zahlungsbereitschaft und Zahlungsbeitrag ergibt den jeweiligen Nettonutzen.

Stimmen beide zu, hat demnach jeder einen Nettonutzen von 50 Euro. Stimmt keiner zu, ergibt sich für beide ein Nettonutzen von 0 Euro. Stimmte der eine zu, der andere aber nicht, ergibt sich für denjenigen, der zustimmt und den Park alleine finanziert ein Nettonutzen von minus 10

---

54 vgl. M. HOLLER, G. ILLING, Einführung in die Spieltheorie, Fünfte Auflage, Berlin, Heidelberg, New York 2002, S. 5

Euro, und für den, der nicht zustimmt und sich als Trittbrettfahrer verhalten wird ein Nettonutzen von 110 Euro.

Als strikt dominante Strategien[55] ergeben sich demnach für beide Spieler die Strategie der Nicht- Zustimmung. Als Konsequenz wird der Park, also das öffentliche Gut, nicht errichtet[56] Es ist zu erwarten, dass sich beide Spieler in Verhandlungen auf die kooperative Lösung, also den Bau des Parks, einigen würden, wenn sie bindende Verträge schließen könnten.

Um nun den Bogen zur globalen Umweltproblematik zu spannen, muss man sehen, dass eine intakte Umwelt in ihrem ökonomischen Charakter als ein öffentliches Gut zu sehen ist. Globale Umweltprobleme lassen sich alternativ als statisches Gefangenendilemma darstellen.[57]

Das Entscheidungsproblem für die Staaten ist hierbei auf die Dichotomie einer „Ja/Nein"- Alternative verengt. Dabei steht „Ja" für den Beitritt eines bestimmten Landes zu einem internationalen Umweltvertrag und seine Einhaltung, was auch als „Kooperation" bezeichnet werden kann. Die Alternative „Nein" steht für die Möglichkeit des Staates, sich der internationalen Umweltkooperation zu verweigern und sein „autistisches Optimum" (Nashgleichgewicht) zu realisieren.[58]

Spielt man dieses Spiel den Regeln der ursprünglich angesprochenen Spielsituation des Gefangenendilemmas folgend durch, so ergibt sich, dass es aufgrund der symmetrischen Interessenlage für die beiden Staaten attraktiv ist, jeweils die Trittbrettfahrerposition einzunehmen. Es kommt also keine Kooperation zustande. In der Divergenz zwischen globalem Optimum (Kooperation) und Gleichgewicht (Nichtkooperation) sowie der Unmöglichkeit, diese ohne eine wirkungsvoll koordinierende Institution zu überwinden, liegt das Dilemma dieser Anreizstruktur.[59]

---

55 Formal: Eine Strategie s_i von Spieler $_i$ wird durch die Strategie s_i' genau dann strikt dominiert, wenn der Nutzen $u_i(s_i, s_{-i})$ < dem Nutzen $u_i(s_i', s_{-i})$ für alle $s_{-i} \in S_{-i}$ (d.h. für jede mögliche Kombination der Strategien der anderen Spieler s_{-i}, welche sich aus den Strategieräumen der anderen Spieler S_{-i} ergeben kann). Mit anderen Worten: Eine Strategie s_i wird dann von einer anderen Strategie s_i' strikt dominiert, wenn der Nutzen des Spielers bei der Kombination s_i mit der des Gegenspielers geringer ist, als der Nutzen der Kombination aus der Strategie s_i' mit derselben gegnerischen Strategie.
56 vgl. M HOLLER, G. ILLING, Einführung in die Spieltheorie, Fünfte Auflage, Berlin, Heidelberg, New York 2002, S.8
57 vgl. A. ENDRESS, Umweltökonomie, 3. Auflage, Stuttgart, 2007, S. 236
58 vgl. ebenda, S. 236
59 vgl. ebenda, S. 238

Hinsichtlich der Anreizstruktur beschreibt das Gefangenendilemma eine spezifische Rangfolge nationaler Präferenzen in Bezug auf die internationale Konstellation aus kooperativem und nichtkooperativem Verhalten. Diese Dilemmasituation liegt dann vor, wenn beide Länder folgende Präferenzstruktur haben:

$$W_i (N,C) > W_i (C,C) > W_i (N,N) > W_i (C,N)^{60}$$

Ein Land schätzt also die Trittbrettfahrerposition (N,C) am höchsten ein, bei der das andere Land kooperiert (C), es selber aber keinen Beitrag leistet (N). Die nächst höhere Präferenz ergibt sich für den Fall gegenseitiger Kooperation (C,C), gefolgt von allgemeiner Nichtkooperation (N,N). Die aus nationaler Sicht am schlechtesten eingestufte Konstellation ist die, bei der man sich selbst kooperativ verhält, das andere Land jedoch keinen Beitrag leistet, diejenige Konstellation also, bei der man quasi „ausgenutzt" wird (C,N).[61]

Natürlich können die Repräsentanten der beiden dargestellten Staaten versuchen, eine gemeinsame Anstrengung zur Überwindung des Dilemmas zu unternehmen, indem sie sich dazu verpflichten, kooperativ zu handeln. Allerdings ist eine derartige Absprache stets von Instabilität bedroht. Für jeden der beiden Vertragspartner besteht ein Anreiz, die getroffenen Absprachen nicht (in der Praxis auch: nur unvollständig) einzuhalten.[62]

Ein dem Gefangenendilemma ähnliches Problem ist das Problem der „Tragik der Allmende", oder „Tragedy of Commons": Ähnlich wie im Falle einer Allmende, die von Bauern eines Dorfes gemeinsam genutzt wird um Kühe zu weiden und dadurch die Übernutzung droht, weil jeder versucht, möglichst viele Kühe zu seinem eigenen Wohl auf Kosten der Gemeinschaft auf diese Weide zu treiben, stellen Ressourcen der Erde, insbesondere das Klima, eine globale Allmende dar. Viele Akteure verfügen über eine knappe Ressource, welche von jedem genutzt wird. Dabei versuchen alle ihren Nutzen zu maximieren, indem sie sich einen möglichst großen Anteil aneignen, ihren Beitrag zum Erhalt der Ressource aber minimieren.[63]

---

60 W_i=1,2 für Wohlfahrt von Land 1, bzw. Wohlfahrt von Land 2, N für Nichtkooperation, C für Kooperation
61 vgl. R. KRUMM, Internationale Umweltpolitik, Berlin u.a. 1996, S. 6 f.
62 vgl. A. ENDRESS, Umweltökonomie, 3. Auflage, Stuttgart, 2007, S. 238
63 vgl. A. DIEKMANN und P. PREISENDÖRFER, Umweltsoziologie. Eine Einführung, Reinbek 2001, S. 77

Das Ergebnis gleicht dem des Gefangenendilemmas: Es entspricht dem Eigeninteresse jedes Einzelnen, das Gut (hier das Klima als Medium zum Absorbieren von klimaschädlichen Gasen) möglichst exzessiv zu nutzen ohne aber zu seinem Erhalt beizutragen, wobei ein solches Verhalten zur Zerstörung des Guts bzw. eines intakten Klimas führt. Eine Zerstörung des Gutes liegt aber wiederum nicht im Eigeninteresse der Einzelnen, weil damit eine weitere Nutzung des Gutes für sie nicht mehr möglich wäre.[64]

3.1.2 Chicken-Game

Im Gegensatz zur Präferenzstruktur des Gefangenendilemmas kann die Präferenzstruktur im Falle des Chicken-Games bei einem oder gar bei beiden Ländern so gestaltet sein, dass die Durchführung einseitiger Maßnahmen (C,N) derjenigen Situation vorgezogen wird, in der keine Seite Umweltschutz betreibt (N,N). Hierbei vertauscht sich also die Reihenfolge der beiden untersten Präferenzpositionen. Dies entspricht der Präferenzordnung des sog. Chicken-Games:

$$W_i \, (N,C) > W_i \, (C,C) > W_i \, (C,N) > W_i \, (N,N)^{65}$$

Haben beide Länder eine solche Präferenzstruktur, so ergibt sich für keines der beiden eine dominante Strategie. Damit hängt die optimale eigene Strategie vom Verhalten des jeweils anderen Landes ab. Im Vergleich zur Situation des Gefangenendilemmas ist die beste Reaktion auf C auch hier N, jedoch ist die optimale Antwort auf N nun C. Es ergeben sich damit zwei (symmetrische) Nash-Gleichgewichte, nämlich (C,N) und (N,C). Eines der beiden Länder nimmt also die Freifahrerposition ein, während das andere einseitig global wirksame Umweltschutzmassnahmen durchführt.

Solche Eindeutigkeitsprobleme hinsichtlich der konkreten Gleichgewichtssituation treten dann nicht auf, wenn die folgende, realistischere Konstellation unterstellt wird, nämlich die, dass lediglich das eine Land die Präferenzstruktur des Chicken-Game hat („Chicken-Land" i), während die Präferenzordnung des anderen Landes durch die Gefangenendilemma-Position charakterisiert ist („Gefangenenland" j).[66] In diesem Fall er-

---

64 vgl. M. SEYBOLD, Internationale Umweltregime – Neue Formen der Konfliktbearbeitung in der internationalen Politik? Untersuchungen am Beispiel des Klimaschutzregimes, Dissertation Julius-Maximilians-Universität Würzburg 2003, S. 30

65 vgl. W. ALTHAMMER, W. BUCHHOLZ, Internationaler Umweltschutz als Koordinationsproblem, in: A. Wagner (Hrsg.), Dezentrale Entscheidungsfindung bei externen Effekten. Innovation, Integration und internationaler Handel, o.O. 1993, zitiert in: KRUMM, R., Internationale Umweltpolitik, Berlin u.a. 1996, S.8

66 vgl. R. KRUMM, Internationale Umweltpolitik, Berlin u.a. 1996, S. 9

gibt sich die eindeutige Lösung: Für das Gefangenen-Land j ist N die dominante Strategie, so dass das Chicken-Land i „C" spielt. Die Lösung ist damit (C,N), d.h. Land i ergreift einseitige Vermeidungsmaßnahmen, und Land j verhält sich als umweltpolitischer Freifahrer.[67]

Es bleibt, neben der ökonomischen Darstellung des Chicken-Games noch kurz den Ursprung der Chicken-Game-Konstellation zu beschreiben:

Das Chicken-Game bezieht sich auf das Verhalten Jugendlicher in den USA in den fünfziger Jahren, das im Film „Denn sie wissen nicht, was sie tun" mit James Dean dargestellt wurde. In einer Gruppe streiten sich zwei Jugendliche um die Position des Anführers. Der Streit soll durch folgende Mutprobe entschieden werden: Die beiden fahren in ihren Autos mit hoher Geschwindigkeit auf einander zu. Wer ausweicht, hat verloren; er gilt als Feigling (amerikanisch: Chicken) und wird von der Gruppe verachtet. Wenn keiner ausweicht, endet das Spiel für beide tödlich. Weichen beide aus, so endet der Kampf unentschieden.[68]

Weicht der Kontrahent aus, ist dieser also kooperativ, so ist der Nutzen des Nichtkooperativen mit dem Gewinn der Mutprobe und dem damit verbundenem Statusgewinn am höchsten, und in diese Konstellation in beider Präferenzordnungen führend. Weichen beide aus, indem sie sich kooperativ verhalten, endet das Duell unentschieden, jedoch mit dem Gewinn, dass auch hier beide am Leben sind. Diese Konstellation folgt auf zweiter Stelle in der Präferenzordnung. Weichen beide nicht aus, so endet das Duell ebenfalls unentschieden, jedoch mit tödlichem Ausgang für beide Spieler. Diese beiderseitige Nichtkooperation ist in den beiden Präferenzordnungen an letzter Stelle anzusiedeln. Aus diesem Spiel ergeben sich nun zwei Nash-Gleichgewichte, in dem jeweils der eine Kontrahent ausweicht, während der andere nicht ausweicht.

3.1.3 Tit-for-Tat-Strategie

Die zugrunde liegende Taktik hinter dieser Strategie kann mit dem Motto „wie du mir, so ich dir" beschrieben werden. Es handelt sich also um eine Strategie im Falle eines Mehr-Perioden-Spiels. Ein Spieler, der sich dieser Strategie bedient, wir immer das tun, was sein Gegner gerade getan hat. Allerdings ist, wenngleich das aus dem Namen nicht hervorgeht, der Spieler zu Beginn auf jeden Fall kooperativ. Es handelt sich also um eine

---

67 vgl. ebenda, S. 9
68 vgl. M. HOLLER, G. ILLING, Einführung in die Spieltheorie, Fünfte Auflage, Berlin, Heidelberg, New York 2002; S. 90 f.

freundliche Strategie. Wenn zwei Tit-for-Tat-Spieler aufeinandertreffen kooperieren sie immer.[69]

„Tit-for-Tat" wurde als erfolgreiche Strategie im wiederholten Gefangenendilemma bekannt, in dem zwei Gefangene gedrängt werden, den jeweils anderen zu beschuldigen. Das Ergebnis hierzu wurde bereits in 3.1.1 erläutert. Werden die Gefangenen wiederholt vor diese Entscheidung gestellt und ist beiden die jeweils vorherige Entscheidung des anderen bekannt, gibt es verschiedene Strategien, um das Spiel erfolgreich zu durchlaufen. „Tit-for-Tat" ist dabei eine der erfolgreichsten. In diesem Spiel bedeutet das, dass einer der Gefangenen generell kooperativ in das Spiel geht und dem anderen Teilnehmer hilft, indem er schweigt. Sollte der andere Gefangene nun nicht schweigen, rächt sich der „Tit-for-Tat"-Spielende in der folgenden Runde, indem er auch nicht schweigt. Allerdings ist er bereit, sofort zu vergessen, wenn sich der Mitspieler bessert und wieder kooperativ spielt. In der nächsten Runde wird er auch wieder kooperativ spielen.

So kann man in einem Spiel über mehrere Runden zwar nie besser abschneiden als der eigene Gegenspieler, aber der maximale Rückstand ist dafür verhältnismäßig klein. Wenn der andere ebenfalls Tit-for-Tat spielt, entsteht kein Rückstand. In einem Spiel mit mehreren Mitspielern dagegen schneidet man in vielen Fällen besser ab, als Spieler mit anderen Strategien, da sich dort Kooperation bezahlt macht, die Tit-forTtat-Strategie sich aber zugleich nicht ausbeuten lässt. [70]

Überträgt man diese Strategie auf internationale umweltpolitische Vereinbarungen wie z.B. Emissionsreduktionen, so lässt sich als Beispiel für eine Antwort auf nicht kooperatives Verhalten des Gegenspielers eine Bestrafung durch Re-Optimierung seiner Reduktionsmenge anführen. Die verbleibenden kooperierenden Staaten sind hierbei berechtigt, ihre Emissionsmengen an die neuen Gegebenheiten anzupassen, also zu erhöhen. Steigt die aggregierte gleichgewichtige Emission der verbliebenen Koalitionäre in diesem Prozess, so ist darin eine „Bestrafung" des vertragsbrüchigen Koalitionsmitglieds zu sehen, denn dieser leidet ja auch unter der Emissionsausweitung.

---

69 vgl. WIKIPEDIA, o.Verf, o.O., o.J., http://de.wikipedia.org/wiki/Tit_for_tat, 30.06.2008
70 vgl. ebenda

Allerdings wird der defektionierende Staat wieder in die Koalition aufge-nommen, wenn er ausreichend „Buße" getan hat. Dies kann er durch Ent-richtung einer Strafzahlung oder entsprechend überobligatorische Emis-sionsvermeidungsmaßnahmen tun. [71]

3.1.4 Coase-Theorem

Ronald Coase (1960) entwickelte einen Ansatz über die Internalisierung von externen Effekten durch Verhandlungen zwischen den beteiligten Akteuren einer Externalität,[72] die in diesem Fall die Verschmutzung der Erdatmosphäre darstellt.

Das Coase-Theorem basiert im Marktsystem der vollkommenen Konkur-renz auf der Annahme der Nichtexistenz von Transaktionskosten. [73] Den Akteuren muss die Möglichkeit gegeben werden, in Verhandlungen zu treten, um so zu einer für beide Seiten vorteilhaften Übereinkunft zu ge-langen. Hierzu bedarf es keiner staatlichen Eingriffe in das Preissystem, sondern lediglich der eindeutigen Zuordnung der Eigentumsrechte, mit denen die externen Effekte verbunden sind.[74] Bezogen auf die internatio-nale Klimapolitik sind hier Verschmutzungsrechte an der Erdatmosphäre gemeint. [75]

Coase beschreibt zwei polare Ansätze zur Verhandlungslösung:

Zum einen die Laissez-faire Regel (Nichthaftungsregel): Bei Fehlen von gesetzlichen Regelungen haftet der Schädiger nicht für seinen verursach-ten Schaden. Er kann seine Aktivität auf beliebigem Niveau ausüben. Um dem Schädiger zu einer Reduktion des externen Effektes zu bewegen, muss der Geschädigte ihn bestechen. [76]

Zum zweiten die Verursacherregel (Haftungsregel): Liegen die Eigen-tumsrechte hingegen beim Geschädigten, ist es dem Verursacher nicht gestattet, eine Aktivität aufzunehmen, von der externe Effekte ausgehen. Will der Schädiger dennoch eine Aktivität aufnehmen, so muss er an den

---

71 vgl. M. HOLLER, G. ILLING, Einführung in die Spieltheorie, Fünfte Auflage, Berlin, Heidelberg, New York 2002, S. 244

72 vgl. A. ENDRESS, Die pareto-optimale Internalisierung externer Effekte, Frankfurt am Main und Bern 1976, S. 26

73 vgl. R. COASE, The Problem of Social Costs, in The Journal of Law and Economics Vol. III, o.O. 1963, S. 17

74 vgl. L. WEGEHENKEL, Coase-Theorem, Mohr 1980, S.23

75 Eine detaillierte Ausführung des Coase-Theorems ist in A. ENDRESS, Umwelt-ökonomie, 3. Auflage, Stuttgart, 2007, S. 35 ff. zu finden

76 vgl. A. ENDRESS, Die pareto-optimale Internalisierung externer Effekte, Frankfurt am Main und Bern 1976, S. 27

Geschädigten eine Kompensationszahlung für die Duldung des externen Effektes leisten. [77]

Die Verhandlungen zwischen den beiden Akteuren führen stets zu einer pareto-optimalen Ressourcenallokation. Diese Aussage wird als Effizienzthese des Coase-Theorems bezeichnet. Es spielt für die Optimalität keine Rolle, bei wem die Eigentumsrechte liegen. Die pareto-optimale Menge der den externen Effekt auslösenden Aktivität wird da sein, wo die Grenzkosten der Vermeidung des externen Effekts dem „Grenzleid" des Geschädigten bzw. den Grenzkosten der Beseitigung des externen Effekts entsprechen.

3.2 Eine stabile Klimaschutzvereinbarung

Der Beitrag der Spieltheorie zur Erklärung der Entwicklung der internationalen Klimapolitik ist hauptsächlich in den Entscheidungsproblemen der einzelnen souveränen Staaten als Spieler in diesem Feld zu sehen. So stehen diese Spieler vor der Entscheidung über den Beitritt in das internationale Klimaregime. Im Falle des Beitritts stehen die Staaten dann vor der Entscheidung über die Einhaltung der mit dem Beitritt eingegangenen Verpflichtungen. Auch die Ausgestaltung des Kyoto-Protokolls und seiner Mechanismen lassen durch spieltheoretische Ansätze erklären.

Zunächst werden potentielle Konfliktpotentiale eines internationalen Klimaschutzvertrages spieltheoretisch analysiert. Mit der Beschreibung der Koalitionsbildung zu internationalen Umweltverträgen wird dann an eine theoretische Klimavereinbarung herangeführt, die durch Ex-Ante- und Ex-Postanreize so vertragsstabil ist, dass die von den Unterzeichnern übernommenen Vertragspflichten auch von opportunistischen Staaten erfüllt werden .[78]

Johannes Heister (1997) beschreibt einen solchen Vertrag als internationalen CO_2-Vertrag, der mit einem Klimaabkommen mit CO_2-Reduktionszielen vergleichbar ist. Dieses Konstrukt mit seinen theoretisch herausgearbeiteten Anreizen und Sanktionsmechanismen dann auf inhaltliche Übereinstimmung mit den Ergebnissen der internationalen Klimapolitik verglichen, um zu sehen, welchen erklärenden Beitrag die Spieltheorie auf diesem Feld leistet.

---

77 vgl. ebenda, S. 27
78 vgl. J. HEISTER, Der internationale CO_2-Vertrag: Strategien zur Stabilisierung multilateraler Kooperation zwischen souveränen Staaten, in: H. Siebert (Hrsg.), Kieler Studien, Institut für Weltwirtschaft an der Universität Kiel, N. 282, Tübingen 1997, S. 3

3.2.1 Konfliktpotentiale eines internationalen CO_2-Vertrags aus dem Blickwinkel der Spieltheorie

Es ist anzunehmen, dass viele Verträge zwischen souveränen Staaten erst gar nicht zustande kommen, weil sie nicht durchsetzbar sind, so dass der Welt mögliche Wohlfahrtsgewinne verloren gehen. Das gilt auch für internationale Umweltverträge wie einem internationalen Klimaabkommen. [79]

Globale Umweltprobleme, wie der (menschgemachte) Klimawandel zeichnen sich im allgemeinen durch das Vorliegen dauerhafter, globaler Externalitäten aus, deren Beherrschung die multiliberale Zusammenarbeit (fast) aller souveräner Staaten erfordert. [80]

Die Erdatmosphäre kann als globales Umweltmedium aufgefasst werden, welches von allen Ländern gemeinsam genutzt wird. Die Nutzung der Atmosphäre als Aufnahmemedium für CO_2-Emissionen durch einzelne Länder verschlechtert die Klimabedingungen auch für alle anderen Länder der Erde. CO_2-Emissionen sind daher, unabhängig vom Ort des Geschehens, ein „öffentliches Übel" für die gesamte Völkergemeinschaft. Sie produzieren externe Kosten, die nicht vom Verursacher, sondern von dritten Ländern getragen werden.

Die Staaten vernachlässigen die von ihnen verursachten externen Kosten in der individuellen Kosten-Nutzen-Rechnung. Sie vergleichen lediglich die Verminderung der Umweltschäden durch die eigenen Reduktionsanstrengungen, welche sie beeinflussen können, mit ihren individuellen Reduzierungskosten, wobei die Emissionen aller übrigen Länder als gegeben hingenommen werden. [81]

Die externen Kosten von CO_2-Emissionnen haben ihr Gegenstück im externen Nutzen klimaschützender Maßnahmen. Einseitige Reduzierungsmaßnahmen durch ein einzelnes Land können daher als Produktion und Bereitstellung eines internationalen öffentlichen Gutes aufgefasst wer-

---

79 vgl. ebenda, S. 23

80 vgl. P.C. MAYER-TASCH, Internationalisierung der Umweltprobleme und staatliche Souveränität , in M. Jänicke, U.E. Simonis und G. Weigmann (Hrsg.), Wissen für Umwelt: 17 Wissenschaftler bilanzieren, Berlin 1985, zitiert in J. HEISTER, Der internationale CO_2-Vertrag: Strategien zur Stabilisierung multilateraler Kooperation zwischen souveränen Staaten, in: H. Siebert (Hrsg.), Kieler Studien, Institut für Weltwirtschaft an der Universität Kiel, N. 282, Tübingen 1997, S. 23

81 vgl. J. HEISTER, Der internationale CO_2-Vertrag: Strategien zur Stabilisierung multilateraler Kooperation zwischen souveränen Staaten, in: H. Siebert (Hrsg.), Kieler Studien, Institut für Weltwirtschaft an der Universität Kiel, N. 282, Tübingen 1997, S. 23

den, da die Vorteile aus einer verminderten atmosphärischen CO_2-Konzentration allen Ländern als ein externer Nutzen zufließen, ohne dass diese dafür eine Gegenleistung erbringen müssen. Aus der Theorie der öffentlichen Güter ist aber bekannt, dass die unkoordinierte, individuelle Bereitstellung öffentlicher Güter suboptimal bleibt. Das Gleiche gilt für den Klimaschutz, wenn die Staaten ihn ausschließlich im Eigeninteresse betreiben. Darüber hinaus kann der externe Nutzen einzelne Länder sogar dazu veranlassen, ihre Klimaschutzbemühungen zurückzufahren, da das Problem weniger dringlich geworden ist, nachdem andere reduziert haben.

Aus diesen Gründen kann es - von einem rein nationalen Gesichtspunkt aus betrachtet - im Interesse der meisten Länder sein, ihre CO_2-Emissionen nicht oder nur wenig zu reduzieren. Folglich bleiben die Klimaschutzbemühungen aller Länder weit unterhalb des globalen Optimums, welches erreicht würde, wenn jedes Land die globalen externen Effekte seiner nationalen Energie- und CO_2-Politiken bei der Festsetzung seiner Emissionsziele berücksichtigt.

Zur Überwindung des nichtkooperativen Verhaltens souveräner Staaten, die nur ihren eigenen Nutzen maximieren, und zur Implementierung von CO_2-Politiken, die den größtmöglichen Nettonutzen stiften, ist es erforderlich, einen internationalen Koordinationsmechanismus einzurichten. Wegen des Fehlens einer zentralen Autorität muss dieser Mechanismus so beschaffen sein, dass er die Klimaschutzbemühungen eines jeden Staates mit den reziproken Bemühungen aller anderen Staaten so verknüpft, dass erhaltener und bereitgestellter Nutzen einander bedingen. Eine solche Verknüpfung kann ein internationaler CO_2-Vertrag sein, der eine kooperative CO_2-Strategie festlegt, und die erlaubten Emissionen für jede Vertragspartei oder einen äquivalenten Allokationsmechanismus so spezifiziert, dass der globale Nettonutzen maximiert bzw. die Summe aus globalen Klimaschäden und Reduzierungskosten minimiert wird. Es ist auf jeden Fall darauf zu achten, dass die vereinbarte CO_2-Reduzierung effizient, d.h. zu den global geringst möglichen Kosten, erfolgt.

Aus der Tatsache, dass souveräne Staaten freiwillig kooperieren müssen, ergeben sich im Vergleich zur nationalen Umweltpolitik zwei weitere Restriktionen: Die Verteilung der Nettogewinne muss sich so ergeben, dass sich kein Staat durch die kooperative Klimapolitik schlechter stellt als ohne sie. Weiter sind Vorkehrungen zu treffen, die den CO_2-Vertrag vor Vertragsverletzungen durch opportunistische Staaten schützen.[82]

---

82 vgl. J. HEISTER, Der internationale CO_2-Vertrag: Strategien zur Stabilisierung multilateraler Kooperation zwischen souveränen Staaten, in: H. Siebert (Hrsg.),

Im Rahmen des folgenden Modells von Heister (1997) lassen sich die angesprochenen Punkte gut darstellen.

3.2.1.1 Kooperation versus Nichtkooperation

Die Staaten verfolgen das Ziel der Maximierung ihrer nationalen Wohlfahrt. Dabei liegt dem Land i folgende nationale Wohlfahrtsfunktion zu Grunde:

$$W_i = B_i(Q) - C_i(q_i)\ [83]$$

W_i bezeichnet die Wohlfahrt des Landes i, $B_i(Q)$ den Bruttonutzen dieses Landes in Abhängigkeit der globalen Vermeidungsmenge Q (mit abnehmenden Grenznutzen) und C_i (q_i) die Vermeidungskosten des Landes i bei nationaler Vermeidungsmenge qi (mit steigenden Grenzvermeidungskosten).[84]

Die nationale Wohlfahrt ist umso höher, je höher die globale Vermeidungsmenge Q ist. Da die Zielsetzung eines Landes i die Maximierung der Wohlfahrtfunktion W_i ist, impliziert sein umweltpolitisches Kalkül, die Kosten und den Nutzen nationaler Vermeidungsmaßnahmen gegeneinander so abzuwägen, dass das maximale nationale Wohlfahrtniveau resultiert. Das Kalkül eines Landes hängt nun davon ab, ob sich die Festsetzung des nationalen Vermeidungsniveaus in einem international koordinierten Rahmen abspielt, oder ob eine isolierte Entscheidung getroffen wird.

Werden die nationalen Überlegungen zur Reduzierung der Emission des Globalschadstoffes (hier: CO_2) nicht zwischenstaatlich koordiniert und nimmt jedes Land bei der Festsetzung seiner aus nationaler Sicht optimalen Vermeidungsmenge das Emissionsverringerungsniveau der jeweils anderen Länder als gegeben (Nash-Annahme), so maximiert ein Land dann seine nationale Wohlfahrt, wenn gilt:

Kieler Studien, Institut für Weltwirtschaft an der Universität Kiel, N. 282, Tübingen 1997, S. 24

83 Die detaillierte Herleitung dieses Ansatzes ist in anschaulich in R. KRUMM, Internationale Umweltpolitik, Berlin u.a. 1996, S. 10 f. nachzuvollziehen.

84 vgl. J. HEISTER, Der internationale CO_2-Vertrag: Strategien zur Stabilisierung multilateraler Kooperation zwischen souveränen Staaten, in: H. Siebert (Hrsg.), Kieler Studien, Institut für Weltwirtschaft an der Universität Kiel, N. 282, Tübingen 1997, S. 25

Der nationale Grenznutzen einer zusätzlichen Vermeidungseinheit muss den für das Land anfallenden Grenzkosten entsprechen:

$$dB_i / dq_i = dC_i / dq_i$$

Ist diese Bedingung für ein positives q_i erfüllt, dann realisiert das Land ein Vermeidungsniveau, das größer Null ist.

Da aber die Vermeidungsaktivität eines jeden Landes Einfluss auf das globale Vermeidungsniveau hat, hängt das optimale nationale Vermeidungsniveau von der Gesamtvermeidungsmenge der übrigen Länder ab.[85] Ein Nash-Gleichgewicht ergibt sich dann, wenn die festgelegte Vermeidungsmenge jeden Landes die gegenseitig beste Antwort auf die Fixierung der Vermeidungsniveaus der jeweils anderen Länder ist. Doch dies stellt keine optimale Lösung dar. Legt man als Maßstab für die Optimalität die Maximierung der globalen Wohlfahrt zugrunde, so müssten die nationalen Vermeidungsmengen so determiniert werden, dass die einzelnen Länder nicht nur die internen Nutzen nationaler Vermeidungsaktivität, sondern auch die bei anderen Ländern anfallenden externen Kosten berücksichtigen.

Nun müsste die Summe der Differenzen zwischen den nationalen Bruttonutzen (in Abhängigkeit vom globalen Vermeidungsniveau) und den nationalen Vermeidungskosten (in Abhängigkeit vom nationalen Vermeidungsniveau) über die einzelnen Vermeidungsniveaus maximiert werden. Daraus ergibt sich die Bedingung, dass die Summe der nationalen Grenznutzen gleich den nationalen Grenzkosten sein soll:

$$\sum dB_i / dq_i = dC_i / dq_i$$

Jedes Land würde seine Vermeidungsaktivität solange ausdehnen, bis die aus einer zusätzlichen Vermeidungseinheit für das Land anfallenden Grenzkosten dem globalen Grenznutzen entsprechen, womit also die externen Nutzen nationaler Vermeidungstätigkeit einbezogen wären. Ein solcher Ansatz impliziert zudem, dass die auf globaler Ebene insgesamt notwendige Vermeidungsaktivität kosteneffizient auf die einzelnen Länder aufgeteilt wird.[86]

---

85 Dies gilt dann nicht, wenn der Grenzvermeidungsnutzen konstant angenommen wird. Hier wird jedoch ein fallender Grenzvermeidungs-nutzen unterstellt, da dies realistischer ist.

86 vgl. R. KRUMM, Internationale Umweltpolitik, Berlin u.a. 1996, S. 11 f.

Daraus ergibt sich dann das kooperative Vermeidungsniveau für jedes Land. Wenn sich alle Länder kooperativ verhalten, dann ist das kooperative Vermeidungsniveau eines jeden Landes größer als das ohne Kooperation. Verhalten sich jedoch einige Länder nicht kooperativ, dann ist dieses Ergebnis nicht mehr sicher. Es ist möglich, dass die Reaktionsfunktion eines jeden Landes negativ von den Reduktionen in jedem anderen Land abhängt, das Vermeidungsniveau als Reaktion auf das kooperative Reduktionsniveau der anderen Länder also geringer ausfällt als die Vermeidungsaktivität als Reaktion des nichtkooperativen Reduktionsniveaus der anderen Länder. Es kann so zu einer Überkompensierung der zusätzlichen Reduzierungsanstrengungen der übrigen Länder kommen.[87]

Frei interpretiert bedeutet dies für das nationale Vermeidungskalkül solcher Länder: „Wenn meine Nachbarn schon so fleißig reduzieren, dann brauche ich mich nicht allzu sehr um Vermeidung bemühen."

Die kooperative Emissionsreduzierung einiger Länder kann dann zu globalen Mehremissionen führen. Hierzu kann es beispielsweise kommen, wenn CO_2- Emissionen in nichtkooperierende Länder verlagert werden, deren CO_2-Emissionen pro Produkteinheit wesentlich höher liegen.[88] Einseitige Reduzierungsanstrengungen einzelner Länder oder einer Gruppe von Ländern hebeln nicht nur die Reziprozität der weltweiten Klimamaßnahmen aus und nehmen so den nichtkooperierenden Ländern den Anreiz, sich zu beteiligen, sondern können auch wirkungslos bleiben.[89]

Wegen des Charakters des Klimaschutzes als öffentliches Gut besteht für jedes Land der Anreiz, sich an einem weltweiten Reduzierungsprogramm nicht zu beteiligen, sondern Freifahrer der Klimaschutzbemühungen aller

---

87 vgl. J. HEISTER, Der internationale CO_2-Vertrag: Strategien zur Stabilisierung multilateraler Kooperation zwischen souveränen Staaten, in: H. Siebert (Hrsg.), Kieler Studien, Institut für Weltwirtschaft an der Universität Kiel, N. 282, Tübingen 1997, S. 26

88 vgl. S. BARRET, Caron Leakage, Climate Change Policy and International Trade. CWERGE Working Paper GEC 94-12. Centre of Social and Economic Research on the Global Environment, Norwich 1994, zitiert in: J. HEISTER, Der internationale CO2-Vertrag: Strategien zur Stabilisierung multilateraler Kooperation zwischen souveränen Staaten, in: H. Siebert (Hrsg.), Kieler Studien, Institut für Weltwirtschaft an der Universität Kiel, N. 282, Tübingen 1997, S. 26

89 vgl. M. HOEL, Global Environmental Problems: The Effekts of Unilateral Action staken by one Country, Journal of Environmental Economics and Management, 1992, zitiert in: J. HEISTER, Der internationale CO_2-Vertrag: Strategien zur Stabilisierung multilateraler Kooperation zwischen souveränen Staaten, in: H. Siebert (Hrsg.), Kieler Studien, Institut für Weltwirtschaft an der Universität Kiel, N. 282, Tübingen 1997, S. 27

anderen Länder zu sein. Dieses Freifahrerdilemma wird im folgenden Abschnitt genauer betrachtet.[90]

3.2.1.2 Gefangenen- und Freifahrerdilemma

Die Situation grenzüberschreitender Umweltverschmutzung lässt sich als Gefangenendilemma beschreiben. Solche Situationen zeichnen sich dadurch aus, dass die Handlungen der Akteure mit wechselseitigen Externalitäten verbunden sind, wie dies für die Bereitstellung öffentlicher Güter regelmäßig der Fall ist: Der Vorteil des Klimaschutzes kommt allen Staaten zugute, während die Kosten national anfallen. Daraus ergeben sich kooperative und nichtkooperative Verhaltensalternativen bzw. Strategien,[91] die im Folgenden mit Hilfe von Schaubildern näher betrachtet werden sollten:

$$
\begin{array}{ccc}
 & R_{j1} & R_{j0} \\
R_{i1} & 3,3 & 1,4 \\
R_{i0} & 4,1 & 2,2 \\
\end{array}
$$

Quelle: J. HEISTER, Der internationale CO_2-Vertrag: Strategien zur Stabilisierung multilateraler Kooperation zwischen souverä nen Staaten, in: H. Siebert (Hrsg.), Kieler Studien, Institut für Weltwirtschaft an der Universität Kiel, N. 282, Tübingen 1997, S. 28

Abbildung 1: Bilaterales Gefangenendilemma

Dieses Schaubild zeigt die kooperative Strategie R_{i1}, R_{j1}, und die nichtkooperative Strategie R_{i0}, R_{j0}, aus denen jedes der beiden identischen Länder i und j wählen muss, sowie die daraus für beide Länder ergebenden symmetrischen Nettonutzen (U_i, U_j). Die nichtkooperative Strategiekombination mit der Auszahlung (2,2) beschreibt die Situation vor Abschluss eines CO_2-Vertrages, in der jedes Land seine CO_2-Emissionen gemäß seinem im Abschnitt 3.2.1.1 dargestellten nichtkooperativen Maximierungskalkül optimiert. Die kooperative Strategiekombination mit der Auszahlung (3,3) kann mit dem Abschluss eines CO_2-Vertrages identifiziert werden, der das Emissionsniveau für jedes Land gemäß der gemeinsamen

---

90 vgl. J. HEISTER, Der internationale CO_2-Vertrag: Strategien zur Stabilisierung multilateraler Kooperation zwischen souveränen Staaten, in: H. Siebert (Hrsg.), Kieler Studien, Institut für Weltwirtschaft an der Universität Kiel, N. 282, Tübingen 1997, S. 27
91 vgl. J. HEISTER, Der internationale CO_2-Vertrag: Strategien zur Stabilisierung multilateraler Kooperation zwischen souveränen Staaten, in: H. Siebert (Hrsg.), Kieler Studien, Institut für Weltwirtschaft an der Universität Kiel, N. 282, Tübingen 1997, S. 28

Nutzenmaximierung entsprechend festlegt und bei dessen Einhaltung sich jedes Land besser stellt als in der nichtkooperativen Situation.

Jedoch ist die kooperative Lösung dieses Spiels keine gleichgewichtige Lösung. Denn nach dem Vertragsschluss zieht es jedes Land vor, die CO_2-Reduzierungskosten einzusparen und dabei von den Klimaschutzbemühungen des anderen Landes zu profitieren, welches dadurch gegenüber der nichtkooperativen Situation verliert, was die Auszahlungen (4,1) bzw. (1,4) erkennen lassen. Dieses Land kehrt dann und so ebenfalls zur nichtkooperativen Strategie zurückkehrt.

Da dies wegen der Symmetrie des Gefangenendilemmas für beide Länder gilt, resultiert als einzig stabile Gleichgewichtslösung die nichtkooperative Strategiekombination ohne Vertrag oder mit beiderseitigem Vertragsbruch (Nash-Gleichgewicht). Verbessern können sich beide Länder folglich nur dann, wenn sie Wege finden, sich auf die Vertragseinhaltung unabänderlich festzulegen bzw. die Vertragseinhaltung des Gegenspielers zu erzwingen. Dazu müssen die Auszahlungen der beteiligten Länder so geändert werden, dass sich ein Abweichen von der kooperativen Strategie nach Vertragsschluss nicht mehr lohnt und somit dauerhafte Kooperation die einzige Gleichgewichtsstrategie wird. Erst dann ist der Vertrag stabil.

Das Paradigma des Gefangenendilemmas gilt auch für den Fall vieler Länder. Selbst in den Fällen, in denen die Vorraussetzungen des Gefangenendilemmas für zwei oder wenige Länder nicht erfüllt sind, z.B. weil die Länder nicht identisch sind und eine stabile Kooperation zwischen ihnen möglich ist, entwickelt sich die Situation in Bezug auf weitere Länder in die Richtung des Dilemmas. So steigen die Kooperationskosten mit größerer Beteiligung überproportional an, während der zusätzliche Nutzen gering bleibt. Zwei bzw. wenige Länder können dann kooperieren, während die übrigen zunehmend als Freifahrer profitieren. Zwischen der kooperierenden Koalition und jedem der übrigen Länder besteht dann ein Freifahrerdilemma.[92] Ein erfolgreicher CO_2-Vertrag muss demnach in der Lage sein, sowohl den Anreiz, nicht zu kooperieren, der sich bereits im bilateralen Gefangenendilemma zeigt, als auch den Freifahreranreiz, der aus einer anspruchsvollen multilateralen CO_2-Politik erwächst, zu konterkarieren.

---

92 eine ausführliche Herleitung dieses Sachverhalts mit dem Fall vieler Länder ist zu finden in: J. HEISTER, Der internationale CO_2-Vertrag: Strategien zur Stabilisierung multilateraler Kooperation zwischen souveränen Staaten, in: H. Siebert (Hrsg.), Kieler Studien, Institut für Weltwirtschaft an der Universität Kiel, N. 282, Tübingen 1997, S. 29 ff.

Man muss sehen, dass dieses Ergebnis aufgrund sehr einfacher Modellannahmen entwickelt wurde. Das internationale CO_2-Problem unterscheidet sich davon jedoch in einigen wesentlichen Punkten. So sind die Kosten und Nutzen von Klimaschutzmassnahmen in den einzelnen Ländern sehr unterschiedlich und möglicherweise interdependent. Die Länder weisen erhebliche Größenunterschiede auf. Außerdem können Länder aus einem Kontinuum von Strategien wählen und unterschiedliche (ineffiziente) Stufen der Reduzierungsanstrengungen und Vertragsverletzungen vorsehen. Des Weiteren haben die Länder keine vollständige Information über alle entscheidungsrelevanten Variablen (Nutzen, Kosten, Zeitpräferenz) möglicher Vertragspartner und über „Entscheidungen" der Natur. Und schließlich ist die CO_2-Reduzierung ein wiederholter Prozess, der auch auf andere Felder der internationalen Zusammenarbeit ausgedehnt werden kann. Diese Unterschiede können zu kooperativen Teilkoalitionen von beachtlicher Größe führen, welche das Freifahrerverhalten anderer Länder hinnehmen.[93]

3.2.1.3 Effizienz- und Verteilungsaspekte

Eine mögliche Lösung des CO_2-Problems besteht darin, international eine den globalen Nutzen maximierende Höchstgrenze für CO_2-Emissionen festzulegen und anschließend die erlaubte Emissionsmenge bzw. die gesamte notwendige Reduzierungsleistung auf alle Länder zu verteilen. Bei gegebener Gesamtemission lässt sich das globale Nutzenmaximum nur erreichen, wenn die Reduzierung auch global effizient ist. Diese muss daher zu den geringstmöglichen kumulierten Kosten realisiert werden, also bekanntermaßen so, dass die Grenzkosten der Reduzierung in allen Ländern gleich sein müssen, denn andernfalls wäre es möglich, den globalen Nettonutzen durch Reallokation der Reduzierungsmengen zwischen den Ländern zu erhöhen. Mit einer Allokation der Reduzierungspflichten so, dass die oben angesprochene Bedingung gleicher Grenzkosten erfüllt ist, sind jedoch Verteilungseffekte verbunden, die einer Einigung bezüglich der Allokation der Reduzierungspflichten bzw. eines Allokationsmechanismus im Wege stehen können.[94] Das folgende Schaubild verdeutlicht

---

93 vgl. J. PIGGOT et al., How Large are the Incentives to Join Subglobal Carbon-Reduction Initiatives?, in Journal of Policy Modelling 15, o.O. 1993, S. 473 ff., zitiert in: J. HEISTER, Der internationale CO_2-Vertrag: Strategien zur Stabilisierung multilateraler Kooperation zwischen souveränen Staaten, in: H. Siebert (Hrsg.), Kieler Studien, Institut für Weltwirtschaft an der Universität Kiel, N. 282, Tübingen 1997, S. 32
94 vgl. J. HEISTER, Der internationale CO_2-Vertrag: Strategien zur Stabilisierung multilateraler Kooperation zwischen souveränen Staaten, in: H. Siebert (Hrsg.),

Möglichkeiten potentieller Pareto-Verbesserungen durch Kooperation und geht auf die Effizienz von Reduktionsallokationen für den Fall zweier symmetrischer Länder ein.

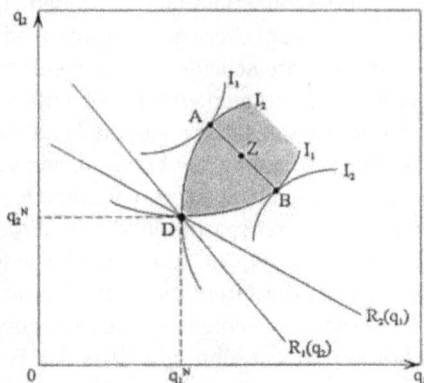

Quelle: R. KRUMM, Internationale Umweltpolitik, Berlin u.a. 1996, S. 17

Abbildung 2: Internationale Umweltkooperation: Felder potentieller Pareto-Verbesserungen gegenüber einer nichtkooperativen Lösung

Die Bedingungen für die Festsetzung der nationalen Vermeidungsniveaus bei nichtkoordiniertem umweltpolitischen Verhalten zweier Länder aus Abschnitt 3.1.2.1,

$$dB_i / dq_i = dC_i / dq_i,$$

determinieren die Reaktionsfunktionen R_1 und R_2 der beiden Länder bezüglich ihrer Reduzierungsanstrengungen:

$$R_1 := q_1(q_2)$$

$$R_2 := q_2(q_1)$$

Die Reaktionsfunktion eines Landes gibt für alternative exogene Vermeidungsniveaus des jeweiligen anderen Landes die dazugehörige eigene optimale Vermeidungsmenge an. Die Reaktionsfunktion eines Landes beschreibt also, mit welcher Niveauanpassung der eigenen Vermeidungsaktivität dieses Land auf Änderungen der Vermeidungsaktivität des anderen Landes reagiert.[95]

Kieler Studien, Institut für Weltwirtschaft an der Universität Kiel, N. 282, Tübingen 1997S. 32 ff.

95 vgl. R. KRUMM, Internationale Umweltpolitik, Berlin u.a. 1996, S. 15 f.

Die Kurven I_1 und I_2 stellen die jeweiligen Indifferenzkurven des jeweiligen Landes dar, für die jeweils gilt, dass die Differenz des jeweiligen Nutzens in Abhängigkeit der Gesamtvermeidung und der jeweiligen Kosten der Vermeidungsaktivität des entsprechenden Landes konstant sein soll, also:

$$B_1(Q) - C_1(q_1) = const.$$

$$und \quad B_2(Q) - C_2(q_2) = const.$$

Die Indifferenzkurven der beiden Länder repräsentieren jeweils umso höhere nationale Wohlfahrtsniveaus, je nördlicher bzw. östlicher diese im Schaubild vom Ursprung liegen.

Ein nichtkooperatives Nash-Gleichgewicht ist definiert als diejenige Konstellation nationaler Vermeidungsniveaus, welche die Nash-Bedingungen erfüllen. Damit ist das Nash-Gleichgewicht dadurch charakterisiert, dass es die für beide Länder wechselseitig beste Antwort (q_1^N $q2^N$) repräsentiert, sich die Reaktionskurven also in diesen Koordinaten schneiden (Punkt D im Schaubild). [96]

Die durch diesen Nash-Gleichgewichtspunkt verlaufenden Indifferenzkurven der beiden Länder stehen senkrecht aufeinander, weil diese im Maximum eine Steigung von Null aufweisen. Um die Nash-Gleichgewichtslösung nun auch nach Effizienzgesichtspunkten beurteilen zu können, soll von folgender Überlegung ausgegangen werden: Da mit zunehmender Vermeidungsaktivität eines Landes die Wohlfahrt des anderen Landes ansteigt, repräsentieren Indifferenzkurven des Landes 1 (I_1) ein um so höheres Wohlfahrtsniveau, je weiter oben sie im Schaubild eingezeichnet sind. Entsprechendes gilt für Land 2, je weiter man nach rechts geht.

Folglich gibt es q_1-q_2-Kombinationen, die gegenüber dem nichtkooperativen Nash-Punkt D eine Paretoverbesserung darstellen, womit hier auch gezeigt wird, dass das Nash-Gleichgewicht hier nicht pareto-optimal ist. [97]

---

96 Ein solches Gleichgewicht ist dann eindeutig, wenn die Steigungen der Reaktionsfunktionen dem Betrage nach kleiner als eins sind. In R. KRUMM, Internationale Umweltpolitik, Berlin u.a. 1996, S. 16 ist in den Formulierungen 2.8a und 2.8b ist zu sehen, dass dies hier der Fall ist.

97 Formal lässt sich die Ineffizienz des Nash-Gleichgewichts dadurch zeigen, dass man die Wohlfahrt des Landes 2 auf dem durch die Indifferenzkurve l2 repräsentierten Niveau festsetzt und die Wohlfahrt des Landes 1 durch geeignete Wahl von q1 und q2 maximiert. Man erkennt, dass Land 1 dabei ein höheres Wohlfahrtsniveau erreichen kann, als im Nash-Gleichgewicht. Folglich ist das Nash-Gleichgewicht ineffizient.

Der Bereich der gegenüber der Nashlösung pareto-superioren Punkte umfasst in Abbildung 2 die von I_1 und I_2 eingeschlossene Linse. [98]

Jede Kombination aus q_1 und q_2, also jede Kombination von CO_2-Reduzierungsanstrengungen, die sich innerhalb dieser Linse befindet, stellt beide Länder besser. Jeder Punkt auf der Geraden AB ist pareto-optimal, d.h. bei der entsprechenden CO_2-Reduzierung kann sich hier kein Land verbessern, ohne dass der Nettonutzen des anderen Landes abnimmt. [99] Die Kompromisslösung ist im Schaubild durch den Punkt Z charakterisiert. Hier würden die beiden Länder denselben Wohlfahrtszuwachs realisieren. [100]

Im Fall zweier ungleicher Länder ist es nicht sicher, dass der Punkt effizienter kooperativer Reduzierung auf der Kontraktkurve AB innerhalb der Linse liegt. Dies ist dann der Fall, wenn ein Land zur Realisierung der kooperativen effizienten Lösung eine viel größere Reduzierungsanstrengung erbringen muss, als etwa das andere Land, so dass seine totalen Reduzierungskosten seinen Kooperationsgewinn übersteigen. Wenn sich ein solches Land auf die Aufteilung der CO_2-Reduzierung in einem Punkt außerhalb der Linse, aber auf der „verlängerten" Kontraktgeraden, einließe, würde es sich schlechter stellen, als in der nichtkooperativen Lösung, während das andere Land einen großen Nutzenzuwachs erzielt. Souveräne, rationale Länder können sich folglich nicht auf diesen Punkt einigen. [101] Ob allerdings im Falle symmetrischer Länder die Kompromisslösung im Punkt Z erreicht wird, hängt von Verhandlungen beider Parteien ab, in denen das nichtkooperative Reduzierungsniveau D den beiderseitigen Drohpunkt darstellt, der im Falle einer Nichteinigung realisiert werden würde. [102]

Dem obigen Problem im Falle zweier ungleicher Länder kann mit Seitenzahlungen zwischen den Parteien begegnet werden. Das durch eine effiziente kooperative Lösung besser gestellte Land kann einen Teil seines Nutzenzuwachses an das durch die Einigung schlechter gestellte Land

---

98 vgl. R. KRUMM, Internationale Umweltpolitik, Berlin u.a. 1996, S. 16 ff.

99 vgl. J. HEISTER, Der internationale CO_2-Vertrag: Strategien zur Stabilisierung multilateraler Kooperation zwischen souveränen Staaten, in: H. Siebert (Hrsg.), Kieler Studien, Institut für Weltwirtschaft an der Universität Kiel, N. 282, Tübingen 1997, S. 32

100 vgl. R. KRUMM, Internationale Umweltpolitik, Berlin u.a. 1996, S. 19

101 vgl. J. HEISTER, Der internationale CO_2-Vertrag: Strategien zur Stabilisierung multilateraler Kooperation zwischen souveränen Staaten, in: H. Siebert (Hrsg.), Kieler Studien, Institut für Weltwirtschaft an der Universität Kiel, N. 282, Tübingen 1997, S. 34

102 vgl. ebenda, S. 34

transferieren, um durch Seitenzahlungen dessen Bereitschaft zur Kooperation zu erwirken. Der Nutzentransfer sollte daher so groß sein, dass er die Bereitstellung der Reduzierungsleistungen des schlechter gestellten Landes, die das besser gestellte Land zum wesentlichen Teil begünstigen, zumindest kompensiert. Darüber hinaus ist eine Aufteilung des Kooperationsgewinns durch Seitenzahlungen möglich, so dass jedes Nutzenniveau auf der Kontraktkurve realisiert werden kann.[103] Das folgende Schaubild stellt auf den für die Transferproblematik interessanten Fall ab, bei dem die Wohlfahrtsfunktionen der Länder unterschiedliche Ausprägungen aufweisen, so dass sich eine nicht-symmetrische Pareto-Grenze ergibt.

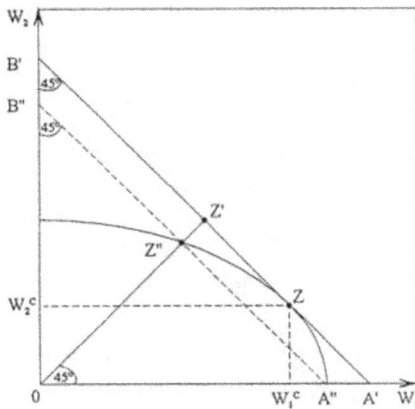

Quelle: R. KRUMM, Internationale Umweltpolitik, Berlin u.a. 1996, S. 21

Abbildung 3: Internationale Umweltkooperation: Zwischenstaatliche Wohlfahrtsrelationen und die Relevanz von Transferzahlungen

Für beide Länder werden abnehmende Grenznutzen und ansteigende Grenzvermeidungskosten unterstellt, so dass sich die Konkavität der "Wohlfahrtstransformationskurve" ergibt. Das Maximum der globalen Wohlfahrt ergibt sich im Punkt Z, implizierend die nationalen Wohlfahrtsniveaus W_1^c und W_2^c. Vergleicht man die in diesem Fall bei globaler Wohlfahrtsmaximierung ergebende zwischenstaatliche Wohlfahrtsrelation, so wird man annehmen können, dass Land 2 einer solchen Verteilung nicht zustimmen wird, selbst dann, wenn es sich gegenüber umweltpoliti-

---

103 vgl. J. HEISTER, Der internationale CO_2-Vertrag: Strategien zur Stabilisierung multilateraler Kooperation zwischen souveränen Staaten, in: H. Siebert (Hrsg.), Kieler Studien, Institut für Weltwirtschaft an der Universität Kiel, N. 282, Tübingen 1997, S. 34

scher Nichtkooperation verbessern würde. Zu groß ist der Unterschied der jeweiligen relativen Wohlfahrtsgewinne, die Land 1 erheblich besser stellen als Land 2. Land 2 wird stattdessen einen höheren Anteil am globalen Effizienzgewinn anstreben. Geht man davon aus, dass Seitenzahlungen möglich sind, dann lassen sich, ausgehend vom globalen Wohlfahrtsmaximum (Z), alle zwischenstaatlichen Wohlfahrtsverteilungen entlang der Linie A´B´ realisieren.

Soll das Instrument der Seitenzahlung nun so genutzt werden, dass jedem Land dasselbe Wohlfahrtsniveau ermöglicht wird, so muss Land 1 Transferzahlungen an Land 2 leisten, und zwar in dem Umfang, der eine Verschiebung der Wohlfahrtsrelation von Punkt Z nach Z´ impliziert. Damit würde eine für beide Länder akzeptable sekundäre Wohlfahrtsverteilung (Z´) realisiert, die auf einer vermeidungsniveaudeterminierten primären Wohlfahrtsallokation (Z) beruht. Eine so vorgenommene Abkoppelung der Wohlfahrtsverteilung von der

Vermeidungsallokation führt damit zu einer Akzeptanz der umweltpolitischen Kooperationslösung auf der Grundlage globaler Wohlfahrtsmaximierung. Die Tatsache, dass die Anwendung des Instrumentariums der Transferzahlung eine Trennung von Allokations- und Verteilungsfragen ermöglicht, ist für die internationale Umweltpolitik von großer Bedeutung.

Soll im Gegensatz die Gleichverteilung nationaler Wohlfahrtsniveaus (Punkt Z´´) sichergestellt werden, ohne dass die Gewährung von Seitenzahlungen möglich wäre, so kann dies nur über die Allokation der nationalen Vermeidungsmengen erreicht werden, was allerdings zu Lasten der globalen Wohlfahrt geht. Die Differenz Z´Z´´ lässt sich als Maß für die Kosten einer einheitlichen Wohlfahrtsverteilung bei Abwesenheit von Transferzahlungen auffassen.[104]

3.2.1.4 Vertragsverletzung und –Stabilität

Die Problematik, die durch die staatliche Souveränität der Akteure in die internationale Umweltpolitik hineingetragen wird, geht über das fragliche Zustandekommen eines globalen CO_2-Vertrags, der die volle kooperative Lösung für alle Staaten festschreibt hinaus. Auch nach Abschluss des Vertrags sind souveräne Staaten in der Lage, sich nicht an die eingegangenen

---

104 vgl. J. HEISTER, Der internationale CO_2-Vertrag: Strategien zur Stabilisierung multilateraler Kooperation zwischen souveränen Staaten, in: H. Siebert (Hrsg.), Kieler Studien, Institut für Weltwirtschaft an der Universität Kiel, N. 282, Tübingen 1997, S. 19 ff

Verpflichtungen zu halten, ohne dass eine übergeordnete Instanz sie daran hindern könnte. Internationale Verträge sind daher latent instabil. Opportunistischen Ländern mangelt es in der Regel nicht an vielen konkreten und teils sehr phantasievollen Gründen, weshalb sie einen internationalen Vertrag brechen. Es lassen sich abstrakte Ursachen für die Verletzung eines CO_2-Vertrags oder die Beendigung der Vertragsmitgliedschaft unterscheiden, die sich zudem teils überschneiden.

Als Freifahrer kann eine Vertragspartei möglicherweise einen größeren Nutzen aus der Existenz eines Vertrags ziehen. Wenn ein Land, nachdem es den CO_2-Vertrag ratifiziert hat, erkennt, dass die Freifahrerposition profitabler ist, dann ist es rational, den Vertrag zu brechen oder zu kündigen. Dazu kann es z.B. kommen, wenn weitere, eventuell größere Länder, dem Vertrag beitreten, so dass es ex post und ceteris paribus günstiger ist, sich auf die Mitnahme der Freifahrernutzens aus positiven externen Effekten zu beschränken und selbst keinen mit Kosten verbundenen Beitrag zu den globalen CO_2-Reduzierungen mehr zu leisten.

Der Freifahrereffekt als Anreiz zum Vertragsbruch ist besonders dann zu erwarten, wenn der Vertrag erst in Kraft treten kann, nachdem eine bestimmte Mindestzahl von Ländern ihn ratifiziert hat. Denn dann kann es für die Länder vorteilhaft sein, erst dem Vertrag beizutreten, um seine Existenz herbeizuführen, und später ohne grundlegende Gefährdung des Vertragszwecks aus den Vertragspflichten zumindest teilweise auszusteigen.

Eine weitere Ursache für die Verletzung eines CO_2-Vertrags stellt der so genannte Reaktionsverzug dar. Eine Vertragspartei kann die Schwerfälligkeit der Reaktion ihrer Vertragspartner auf Vertragsverletzungen zu ihren Gunsten ausnutzen. Wenn die vertragstreuen Parteien nicht in der Lage sind, auf eine Vertragsverletzung schnell zu reagieren, etwa durch Anpassung ihrer eigenen CO_2-Reduzierungsleistungen oder durch andere Gegenmaßnahmen, dann kann ein opportunistisches Land aus einer Vertragsverletzung einen temporären oder dauerhaften Vorteil ziehen. Dieser Vorteil beruht darauf, dass die verbleibenden Länder, wenn sie nicht reagieren, fortfahren, ein CO_2-Ziel zu verfolgen, welches unter den neuen Bedingungen einer kleineren Koalition zu anspruchsvoll ist und den Koalitionsgewinn nicht mehr maximiert. Zeitverzug ist typisch für multilaterale Verträge, die nur unter schwierigen Verhandlungen angepasst werden können. Besonders für Länder mit hoher Gegenwartspräferenz ist es interessant, eine Reaktionsverzögerung auszunutzen, da ihre Kosten bei späteren Gegenmaßnahmen geringer sind und durch ein Einlenken in der Regel begrenzt werden können.

Ebenso ausnutzen kann eine Vertragspartei mögliche Veränderungen in der Verhandlungs- und Durchsetzungsmacht der Vertragsmitglieder, die im Zeitverlauf mit der fortschreitenden Implementierung auftreten. So ist es durch die Irreversibilität bereits getätigter Reduzierungsmaßnahmen durch einige Vertragsparteien denkbar, dass sich opportunistisch agierende Länder einen größeren Nettonutzen sichern wollen, indem sie mit Vertragsverletzung drohen, um Neuverhandlungen und günstigere Konditionen zu sichern. Aufgrund der Irreversibilität von CO_2-Reduzierungsmaßnahmen haben die vorauseilenden Länder dann bei späteren Verhandlungen nichts mehr anzubieten. Als Beispiel hierfür ist das Montrealer Protokoll anzuführen, welches den Entwicklungsländern ein zehnjähriges Moratorium einräumt, während die Industrieländer ihre Vertragspflichten bereits unumkehrbar erfüllen.[105]

Durch Unsicherheit kann eine Partei ebenfalls Anlass für Vertragsverletzungen haben, wenn sie lernt, dass exogene Änderungen der relevanten Vertragsumstände auftreten, die ihre Kosten-Nutzen-Kalkulation verändern. Solche Änderungen können unvorhergesehen sein. Unerwartet hohe Kosten der CO_2-Reduzierung können beispielsweise die Kosten-Nutzen-Schätzungen zum Zeitpunkt des Vertragsbeitritts obsolet machen. Relevante Änderungen können innenpolitischer Natur sein, z.B. eine Unfähigkeit der Regierung, die international übernommenen Umweltpflichten auch national um- oder durchzusetzen. Es kann sich um eine wirtschaftliche oder politische Krise handeln, welche die Gegenwartspräferenz der Regierung ansteigen lässt und nach kurzfristigen Erleichterungen verlangt. Dies erfordert, dass ein CO_2-Vertrag geeignete Mechanismen zur Vertragsanpassung enthält.

Diese Ursachen für die Instabilität eines CO2Vetrages lassen sich auf ein eindimensionales Kalkül zurückführen: Vertragsverletzungen kommen dann vor, wenn der erwartete Gegenwartsnutzen der Vertragsverletzung größer ist als der erwartete Gegenwartsnutzen der loyalen Vertragserfüllung. Rationale Vertragsparteien werden die Möglichkeit opportunistischen Verhaltens antizipieren und durch geeignete Maßnahmen auszuschließen versuchen. In diesem Fall kann der Vertrag dann nur instabil sein, wenn seine Bewertung vor- und nach Vertragsabschluß auseinander fällt, etwa weil die Situation der Vertragspartner falsch eingeschätzt wurde, so dass tatsächlich ein Vertrag geschlossen wurde, der nicht ausrei-

---

105 vgl. J. HEISTER, Der internationale CO_2-Vertrag: Strategien zur Stabilisierung multilateraler Kooperation zwischen souveränen Staaten, in: H. Siebert (Hrsg.), Kieler Studien, Institut für Weltwirtschaft an der Universität Kiel, N. 282, Tübingen 1997, S. 37

chend stabil war. Zu einem instabilen Vertrag kann es aber auch kommen, wenn die Verhandlungsparteien die Möglichkeiten der Vertragsverletzung zwar richtig voraussehen, hinreichende Vorkehrungen aber nicht möglich sind. Zum Abschluss des Vertrags kommt es in diesem Fall nur, wenn es vorteilhafter ist, einen instabilen, als überhaupt keinen Vertrag zu schließen. Die mögliche Verletzung des Vertrags wird dann praktisch bereits beim Vertragsabschluss in Kauf genommen und akzeptiert. Die „Erlaubnis" zur Vertragsverletzung kann somit ein implizierter Vertragsbestandteil sein.[106]

3.2.1.5 Superspiele und Hyperspiele

Für die Möglichkeit eines stabilen CO_2-Vertrags ist es von Bedeutung, dass die CO_2-Reduzierung ein wiederholter Prozess ist, der als Superspiel modelliert werden kann, das CO_2-Spiel ausgeweitet und mit anderen Spielen verknüpft werden kann, so dass ein „Hyperspiel" entsteht. Beides führt zu komplexeren Spielstrukturen und wesentlich reicheren Strategiemengen.

Superspiele entstehen durch die Wiederholung eines immer gleichen Basisspiels. Sie weisen gegenüber dem einperiodigen Basisspiel eine Zeitstruktur auf, die es erlaubt, Strategien auf das Verhalten der Gegenspieler in vorherigen Perioden zu reagieren. In wiederholten Spielen können Reaktionen abgebildet werden, die zeitverzögert eintreten, wodurch das asymmetrische Ergebnis des Gefangenendilemmas, nämlich Kooperation durch einen Spieler und Vertragsbruch durch den anderen, und der damit verbundene Periodengewinn im Modell darstellbar wären. Gleichzeitig erlaubt das Superspiel die präzise Abbildung von Gegenmaßnahmen in Folgeperioden als Reaktion auf einen Vertragsbruch, wodurch der Gewinn aus einem Vertragsbruch neutralisiert werden kann. Wiederholung nutzt also die langfristigen Interessen der Spieler, um die Spielstrategien entscheidend im Sinne der Vertragsstabilität zu beeinflussen. Man unterscheidet Superspiele in Spiele mit unendlichem und endlichem Zeithorizont. Im Falle des Klimaproblems trifft ersteres zu. Bei unendlichen Spielen mit offenem Zeithorizont, in denen die Fortsetzung des Spiels sicher oder zumindest wahrscheinlich ist, hat die Kooperation eine Chance,

---

106 vgl. J. HEISTER, Der internationale CO_2-Vertrag: Strategien zur Stabilisierung multilateraler Kooperation zwischen souveränen Staaten, in: H. Siebert (Hrsg.), Kieler Studien, Institut für Weltwirtschaft an der Universität Kiel, N. 282, Tübingen 1997 S. 35 ff.

während bei endlichen Spielen das Ergebnis das des einperiodigen Basisspiels, nämlich Nichtkooperation ist.[107]

Hyperspiele entstehen durch die Verknüpfung verschiedener wiederholter oder einperiodiger Spiele, so dass sich eine neue gemeinsame Auszahlungsmatrix ergibt. Durch die Verknüpfung kann die kooperative Strategie in beiden Spielen zur Gleichgewichtslösung werden. Solche Verknüpfungen sind „Paketlösungen", die einen Vorteilsausgleich zwischen den Spielern derart herstellen, dass beide einen dauerhaften Anreiz zur Kooperation haben. Die Paketlösung ist häufig ein Ersatz für Seitenzahlungen, der sicherer sein kann als das Versprechen monetärer Transfers. Denkbar ist z.B. die Verknüpfung eines CO_2-Vertrags mit einem Handelsabkommen derart, dass die Vorteile des Handelsvertrages nur dem zukommen, der auch den CO_2-Vertrag einhält. Durch Hyperspiele können auch zusätzliche Bestrafungsstrategien rekrutiert werden. Handelssanktionen als Durchsetzungsmechanismus in Umweltverträgen können als Teil eines Hyperspiels aufgefasst werden. Hyperspiele nutzen die Interessenbreite der Spieler, um Kooperation zu sichern. Für die Vertragsstabilisierung durch Hyperspiele gelten jedoch Vorraussetzungen:

Erstens muss eines der beiden Spiele überschüssige Stabilitätsreserven haben, um das zweite Spiel stabilisieren zu können. Die Kooperation muss beispielsweise im ersten Spiel sehr vorteilhaft für den opportunistischen Spieler sein. Dies ist bei bilateralen Verträgen wegen ihrer unmittelbaren Reziprozität möglich.

Zweitens muss die Verknüpfung zwischen unterschiedlichen Spielen glaubwürdig sein. Es darf keine Strategie geben, die zur Auflösung der einmal etablierten Verknüpfung zwischen Verletzung des CO_2-Vertrags und Handelsabkommen führt.

Dabei müssen Hyperspiele nicht explizit etabliert werden; Sanktionen müssen nicht ausdrücklich angedroht werden. Bei zunehmender Integration der Weltwirtschaft verstärkt sich auch die Überlagerung der unterschiedlichen Interessensbereiche der Staaten, beispielsweise Umwelt und Handel. Freifahrerverhalten in einem Bereich (CO_2-Vertrag) kann dann nichtkooperatives Verhalten von Staaten in anderen Bereichen automa-

---

107 Bei endlich wiederholten Spielen steht in der letzten Periode die Nichtkooperation nicht als Gegenmaßnahme zur Verfügung, so dass der Vertrag in der letzten Periode von beiden Seiten gebrochen wird. Dies gilt dann für die vorletzte und die jeweils vorausgehende Periode, so dass sich das Spiel rekursiv lösen lässt und Nichtkooperation als die einzige Gleichgewichtslösung bleibt. Vgl. Johannes Heister, Der internationale CO_2-Vertrag, 1997, herausgegeben von Horst Siebert, S. 41

tisch nach sich ziehen, wodurch sich die Chancen für kooperatives Verhalten der Vertragspartner erhöhen.[108]

3.2.2 Koalitionsbildung bei internationalen Umweltverhandlungen

3.2.2.1 Beschreibung eines Koalitions-Modells

Die Probleme einer auch nachhaltig stabilen Koalitionsbildung werden erheblich kompliziert, wenn eine Vielzahl von Staaten an den Verhandlungen beteiligt ist. Die Landschaft der Interessen ist wesentlich abwechslungsreicher aber auch unübersichtlicher als es beispielsweise in einem Zwei-Staaten-Modell darstellbar ist. Es stellen sich insbesondere Probleme der Koalitionsbildung von Subgruppen von Staaten.

Im folgenden Modell von Endress (2007) wird eine große Zahl von Ländern betrachtet, die ein gemeinsames globales Umweltproblem verursachen und darunter leiden. Es werden zwei Gruppen von Ländern unterschieden: Signatarstaaten und Nicht-Signatarstaaten.[109]

Die Signatarstaaten kooperieren in idealer Weise miteinander: Sie wählen ihre Aktionsvariablen, hier also das Emissionsniveau, so, dass ihre gemeinsame Wohlfahrt maximiert wird. Den Nicht-Signatarstaaten gegenüber verhalten sie sich unkooperativ. Für Nicht-Signatarstaaten ist unterstellt, dass sie jeweils isoliert danach streben, ihre eigene Wohlfahrt zu maximieren. Sie verhalten sich nicht kooperativ gegenüber allen anderen Staaten.

Der Prozess der Koalitionsbildung einerseits und die Verabredungen innerhalb der Koalition sowie die Entscheidungen der Nicht-Koalitionäre andererseits werden als zwei Stufen eines Spiels abgebildet. In der ersten Stufe wird simultan über die Mitgliedschaft entschieden, wobei hier jeder Staat die dichotome Entscheidung trifft: „Werde ich Mitglied in der Koalition oder nicht?" In der zweiten Stufe wählen dann die Angehörigen der beiden Ländergruppen ihre Emissionsniveaus simultan. Hier kommt das Nash-Gleichgewicht zur Anwendung.

---

108 vgl. J. HEISTER, Der internationale CO$_2$-Vertrag: Strategien zur Stabilisierung multilateraler Kooperation zwischen souveränen Staaten, in: H. Siebert (Hrsg.), Kieler Studien, Institut für Weltwirtschaft an der Universität Kiel, N. 282, Tübingen 1997, S. 40 f.
109 entsprechend dem in der Literatur populärsten Modelltyp; vgl. A. ENDRESS, Umweltökonomie, 3. Auflage, Stuttgart, 2007, S. 249

In diesem Modell kann eine Koalition zur Reduzierung einer globalen Schadstoffemission nur realisiert werden, wenn folgende Bedingungen erfüllt sind:

- Die als Koalitionspartner erreichbare Nettowohlfahrt muss für jedes Land höher sein als die im Nash-Gleichgewicht zu erzielende Nettowohlfahrt. Die Koalition muss also für jedes Land individuell rational sein.

- Kein der Koalition angehörendes Land hat einen Anreiz, aus der Koalition auszuscheren (interne Stabilität) und es besteht für kein Land der Anreiz von außen in die Koalition einzutreten (externe Stabilität). Die Koalition muss also in diesem Sinne stabil sein.[110]

3.2.2.2 Der Prozess der Koalitionsbildung als Zahlenbeispiel

Der Prozess der Koalitionsbildung wird mit dem folgenden Beispiel verdeutlicht. Vereinfachend besteht die Modellwelt aus fünf identischen Staaten. Die zu betrachtende Wohlfahrtsfunktion für den einzelnen Staat laute:

$$W_i = (200-0,5x^2) - 5(10 - x_i)^2.$$

Dabei bezeichnet x das aggregierte Emissionsniveau und x_i das des Staates i.

Die untenstehende Tabelle gibt die Wohlfahrtsniveaus an, die diese Länder erzielen, wenn Koalitionen unterschiedlicher Größe realisiert werden. Die beiden polaren Fälle der Koalitionsgröße sind das Einzelkämpfertum aller fünf Staaten (keine Koalition) und die Koalition aus allen Beteiligten (Vollkoalition). Die Länder sind so angeordnet, dass diejenigen Länder, die die höchste Indexziffer aufweisen, stets die Rolle der Koalitionäre spielen. Die verbleibenden Länder geben die Nicht-Koalitionäre ab.[111]

Die in der Tabelle eingetragenen Zahlenwerte sind unter der Vorraussetzung ermittelt, dass alle Länder simultan über ihre Emissionsniveaus entscheiden. L_i bezeichnet das i-te Land, N die Zahl der Koalitionsteilnehmer

---

110 vgl. A. ENDRESS, Umweltökonomie, 3. Auflage, Stuttgart 2007, S. 251

111 eine 2er-Koalition wird also von den Ländern 5 und 4 gebildet, eine 3er-Koalition aus den Ländern 5, 4, 3 usw. Da die Länder hier als identisch angenommen sind, muss diese Ordnung willkürlich erfolgen. Wollte man die Frage, welche Länder sich an einer Koalition beteiligen, modellendogen erklären, müsste man unterschiedliche Kooperationsneigungen, z.B. über die Risikopräferenz in das Modell einführen. Diese Verhältnisse sind aus dem Chicken-Game bekannt. Vgl. A. ENDRESS, Umweltökonomie, 3. Auflage, Stuttgart, 2007, S. 252

und in der mit dem Summenzeichen überschriebenen Spalte sind die Wohlfahrten über alle Länder summiert.

W_i / N	L_1	L_2	L_3	L_4	L_5	Σ
1[*]	-411	-411	-411	-411	-411	-2055
2	-275	-275	-275	-405	-405	-1638
3	-111	-111	-338	-338	-338	-1239
4	11	-245	-245	-245	-245	-971
5	-181	-181	-181	-181	-181	-909

Quelle: A. ENDRESS, Umweltökonomie, 3. Auflage, Stuttgart, 2007, S. 252

Tabelle 1: Individuelle und aggregierte Wohlfahrt bei alternativen Koalitionsgrößen

Zunächst wird eine hypothetische Ausgangssituation betrachtet, in der jeder Staat seine Wohlfahrt ohne Blick auf die anderen maximiert, d.h. keine Koalition zustande kommt.

Es ist in dieser Lage vorteilhaft, wenn sich zwei der fünf Staaten zu einer Koalition zusammenschließen. Annahmegemäß also die Staaten 4 und 5. Die aggregierte Wohlfahrt steigt von -2.055,5 [112] auf -1.638,4, die individuelle Wohlfahrt jedes Koalitionärs steigt von -411,1 auf -405,5, die Wohlfahrten der Nicht-Koalitionäre steigen jeweils von -411,1 auf -275,8. [113]

Die Nicht-Koalitionäre profitieren von der Koalition sogar noch mehr als die Signatarstaaten, da die Globalitätseigenschaft des Schadstoffes ja auch den Nicht-Signatarstaaten zugute kommt, diese aber im Gegensatz zu den Koalitionären keine Kosten zur Emissionseindämmung aufbringen müssen.

Diese 2er-Koalition ist auch schon das Gleichgewicht des Koalitionsspiels. Die Koalition aus zwei Ländern erfüllt die Bedingungen der individuellen Rationalität und Stabilität. Sie ist individuell rational, weil jeder Koalitionär in der Koalition eine höhere Wohlfahrt erzielt, als in der Ausgangslage ohne Koalition. Die Koalition ist intern stabil, weil keines der beiden Mit-

---

112 in Tabelle 1 werden die Zahlen ohne Nachkommastellen dargestellt.
113 die negativen Wohlfahrtswerte drücken den Schaden durch die Emission des globalen Schadstoffs aus. Der Rückgang der Emission macht sich in weniger negativen, also in höheren Wohlfahrtswerten bemerkbar.

glieder einen Anreiz hat, aus der Koalition auszutreten, da mit einem Austritt wieder die niedrigere Wohlfahrt der Ausgangssituation realisiert würde. Ebenso ist die Koalition extern stabil. Denn für das dritte Land besteht kein Anreiz, der Koalition beizutreten, da es sich dadurch in seiner Wohlfahrt verschlechtern würde.

Gegenüber dem Ergebnis einer Vollkoalition, in der die aggregierte Wohlfahrt und die Wohlfahrt eines jeden Landes besser ist als in dem Zustand der 2er-Koalition, ist der Zustand der 2er-Koalition nicht zufrieden stellend. Die gemeinsame Wohlfahrt ist erst bei einer Vollkoalition maximal.

Dennoch kann die Vollkoalition in diesem Modell nicht als Gleichgewicht erwartet werden. Sie erfüllt zwar die Bedingung der individuellen Rationalität (-181,9 ist größer als -411,1), jedoch nicht die der internen Stabilität. Das Land 1 hat einen Anreiz, aus einer Vollkoalition auszuscheiden. Seine Wohlfahrt würde sich mit diesem Schritt von -181,9 auf 11 erhöhen, auf Kosten der anderen Länder.

Ist die Vollkoalition erst mal auf eine Viererkoalition geschrumpft, besteht eine Austritts- Dynamik. Für das zweite Land besteht nun der Anreiz, aus der Viererkoalition auszuscheiden, da es seine Wohlfahrt mit diesem Schritt auf Kosten der verbleibenden Koalitionsmitglieder erhöht. Analog wird das Schicksal der nun verbliebenen Dreierkoalition besiegelt: Land 3 tritt aus den bekannten Gründen aus, und es verbleibt eine Zweierkoalition, in der die beiden Koalitionäre dann keinen Anreiz mehr haben die Koalition aufzukündigen, da sie mit einem solchen Schritt ihre jeweilige Wohlfahrtssituation nicht verbessern könnten. [114]

Aus diesem Zahlenbeispiel ist zu ersehen, wie schwierig es ist, eine stabile Koalition zu bilden. Hier ist aber nur eine kurzfristige Sichtweise der Staaten berücksichtigt. Ihre Entscheidungen beruhen auf der Wirkung nur eines Schrittes. Ist der Denkhorizont der Länder etwas weiter gezogen, so ist ihre Kooperationsneigung größer und eine Situation mit größerer Koalition und besseren Wohlfahrtswirkungen gleichgewichtig.

Die Situation des Landes 2 macht dies klar. Das Land 2 verbessert sich kurzfristig, wenn es die Viererkoalition verlässt. Sieht es jedoch voraus, dass anschließend ein weiteres Land die verbleibende Dreierkoalition verlassen wird, dann vergleicht es seine Wohlfahrt in der Viererkoalition (-245,8) nicht mit der Wohlfahrt, die es als Freifahrer bei einer verbleibenden Dreierkoalition erzielen würde (-111,8), sondern mit der Wohlfahrt, die es in der Rolle eines Freifahrers im Schatten einer verbleibenden Zweierkoalition hätte (-275,8). Dieser Weitblick verhindert, dass dieses

---

114 vgl. A. ENDRESS, Umweltökonomie, 3. Auflage, Stuttgart 2007, S. 251ff.

Land aus der Viererkoalition ausscheidet. Verfügen die betreffenden Staaten also über einen Weitblick, dann erscheinen größere Koalitionen und damit ein höheres Wohlfahrtsniveau im Bereich des Möglichen.[115] Gibt man die Annahme des "atomistischen" Verhaltens der Nicht-Signatarstaaten auf, wäre die strikte Zweiteilung der Modellwelt in eine Gruppe der Koalitionäre und eine atomistische Gruppe der Nicht-Koalitionäre hinfällig. Man erhält dann das Bild von nebeneinander existierenden Teilkoalitionen, was zu Wohlfahrtsverbesserungen gegenüber dem dargestellten Ausgangsmodell führt.[116]

Dies kann sich im Design von internationalen Umweltabkommen als wichtig erweisen. Legt man die Heterogenität von Staaten zugrunde, rückt man ein Stück näher an die Realität. Der Anreiz, die Koalition zu verlassen steigt mit deren Größe. Für die „Abtrünnigen" ist es unter bestimmten Bedingungen attraktiver, eine eigene Koalition zu gründen, anstatt als Einzelkämpfer zu verharren. Die Alternative lautet nunmehr nicht „alles oder nichts", sondern man kann entscheiden, welcher Koalition man beitritt.

Wohlfahrtswirkungen können somit besser sein, wenn sich verschiedene Staaten zu verschiedenen Teilabkommen zusammenschließen, die der Heterogenität der staatenindividuellen Interessen Rechnung tragen.[117]

Zusammenfassend ergibt sich also folgendes Bild: Bei internationalen Umweltverträgen führt das unkoordinierte Streben der Staaten nach maximaler Wohlfahrt zu Umweltschäden und Wohlfahrtseinbußen. Internationale Umweltschutzvereinbarungen können die Situation gegenüber dem Nash-Gleichgewicht verbessern. Es bestehen aber Zweifel daran, ob solche Abkommen immer eingehalten werden. Alleine der zeitliche Abstand zwischen einer Vertragsverletzung und dessen Entdeckung enthält Anreize für Länder, von vereinbarten Reduktionszielen abzuweichen.

3.2.3 Spieltheoretische Lösungskonzepte

Es ist äußerst schwierig, einen effizienten und ökologisch wirkungsvollen internationalen Umweltvertrag zu konzipieren, der anreizkompatibel ist. Ein anreizkompatibler internationaler CO_2-Vertrag zeichnet sich durch zwei fundamentale Eigenschaften aus:

---

115 vgl. ebenda, S. 254
116 vgl. A. ENDRESS, Umweltökonomie, 3. Auflage, Stuttgart 2007 S. 251
117 vgl. ebenda, S. 254 f

- Es ist für die am Klimaproblem beteiligten Staaten attraktiv, dem Vertrag beizutreten.

- Es ist für die Signatarstaaten attraktiv, die Vereinbarung einzuhalten. [118]

Um zu erreichen, dass ein einmal abgeschlossener CO_2-Vertrag stabil ist, gibt die Spieltheorie Ansätze für Vertragselemente, die zum einen über interne Stabilisierungsanreize und zum anderen über externe Stabilisierungsanreize verfügen. Solche Instrumente zur Erhöhung der Kooperationsneigung werden im Folgenden dargelegt. Hierbei beziehe ich mich auf Endress (2007), der in seiner Arbeit spieltheoretische Lösungskonzepte anschaulich darstellt.

3.2.3.1 Interne Partizipations- und Stabilisierungsanreize

Als interne Partizipations- und Stabilisierungsanreize bezeichnet man Strategien, die das kooperative Verhalten eines jeden Staates an das kooperative Verhalten jedes anderen Staates binden. Bricht ein Staat den Vertrag, so sind die anderen Staaten nicht mehr an ihre Zusagen gebunden. Die verschiedenen Varianten des Prinzips der internen Stabilisierung unterscheiden sich nun dadurch, wie die betreffenden Staaten diesen Freiraum nutzen. Neben dem Abbruch der kooperativen Beziehungen zum vertragsbrüchigen Staat auf alle Zeiten kommen auch noch moderatere Varianten in Betracht.

Reoptimierungsstrategie:

Die für jeden Staat zu vereinbarende optimale Emissionsreduktionsmenge hängt davon ab, wie viele Staaten einer entsprechenden Vereinbarung beitreten. Kommt ein Vertrag mit einer bestimmten Menge von Unterzeichnerstaaten zustande, so ist die dort vereinbarte individuelle Reduktionsmenge eines jeden Staates nur für diese Koalition optimal. Bricht ein Mitgliedsstaat den Vertrag und scheidet aus, so sind die vereinbarten Emissionsmengen für die verbleibenden Staaten nicht mehr optimal.

Bei der Reoptimierungsstrategie sind die verbleibenden Staaten nunmehr berechtigt, ihre Emissionsmengen an die neuen Gegebenheiten anzupassen, d.h. zu reoptimieren. Steigt die aggregierte gleichgewichtete Emission der Koalitionäre in diesem Prozess, so ist darin eine Bestrafung des vertragsbrüchigen Koalitionsmitglieds zu sehen, da dieser auch unter der Emissionsausweitung leidet.

---

118 vgl. ebenda, S. 217

Diese Sanktion ist glaubwürdig, denn sie ist eine Konsequenz aus der Optimierung der in der Koalition verbleibenden Staaten. Eine genauere spieltheoretische Modellierung zeigt allerdings, dass die Wirkungen dieser Stabilisierungsstrategie recht begrenzt sind. Gerade in Fällen, in denen ein koordiniertes Vorgehen der Staaten besonders wünschenswert wäre, sind bei dieser Strategie lediglich Koalitionen mit geringer Mitgliederzahl stabil, da bei großer Mitgliederzahl die Effekte merklich geringer sind und so die Sanktionswirkung ebenso geringer ausfällt.[119]

Erweiterte Tit-for-Tat-Strategie:

Hier wird die Defektion eines Koalitionsmitgliedes zunächst wie bei der Reoptimierungsstrategie bestraft. Allerdings wird der defektionierende Staat wieder in die Koalition aufgenommen, wenn er ausreichend Buße getan hat. Dies kann er durch Entrichtung einer Strafzahlung oder entsprechend überobligatorische Reduzierungsmaßnahmen tun.[120]

Ratifizierungsklausel:

Bei diesem Mechanismus wird vorgeschrieben, dass ein internationaler Umweltvertrag erst dann in Kraft tritt, wenn ihn eine bestimmte Anzahl von Staaten ratifiziert hat. Von dieser Klausel geht ein doppelter Partizipationsanreiz aus: Ein „ehrlicher" Staat muss nicht fürchten, dass er sich zu kostspieligen Reduktionsmaßnahmen verpflichtet, deren positive Wirkungen „verpuffen", weil die anderen Staaten sich nicht beteiligen. Ein mit dem Gedanken an Trittbrettfahrervorteile spielender Staat muss damit rechnen, dass er mit seinem Freifahrerverhalten das gesamte Vertragswerk gefährdet, wenn er nicht beitritt. Damit schadet er auch sich selbst.

Doch diese Partizipationsanreize sind nicht unbedingt mit Stabilisierungsanreizen verbunden. Aus einem Beitritt zu einer Konvention folgt nicht notwendig, dass sie auch eingehalten wird. Der Zusammenhang zwischen Vertragsabschluss und Vertragstreue wird allerdings durch die Ratifizierung gestärkt. Mit dieser werden nämlich die Pflichten aus dem internationalen Vertrag in nationales Recht umgesetzt. Dieses bindet den Staat stärker als die Vereinbarung mit anderen Staaten.

Von diesen internen Mechanismen geht zwar ein gewisser Anreiz für kooperatives Verhalten aus. Jedoch sind die vorgestellten Mechanismen im Allgemeinen nicht alleine ausreichend, um die Probleme des Gefangenendilemmas zu lösen.[121]

---

119 vgl. A. ENDRESS, Umweltökonomie, 3. Auflage, Stuttgart 2007, S. 244
120 vgl. ebenda, S. 244 f.
121 vgl. A. ENDRESS, Umweltökonomie, 3. Auflage, Stuttgart 2007, S. 245

3.2.3.2 Externe Partizipations- und Stabilisierungsanreize

Aus den Defiziten der internen Anreize folgt die Notwendigkeit, zusätzliche Instrumente zu entwickeln. Die folgenden externen Anreize geben weitere Möglichkeiten, Vertragselemente zur Stabilisierung zu schaffen.

Transferzahlungen:

Wenn die Interessen von verschiedenen Entscheidungsträgern über einen bestimmten Gegenstand nicht in ausreichendem Maße harmonisch gestaltet werden können, so liegt es für den Ökonomen nahe, mit Ausgleichszahlungen abzuhelfen. Das soziale Optimum ist dadurch definiert, dass die Summe der Wohlfahrten der Beteiligten maximiert ist. Um einen Übergang von einem suboptimalen zu einem optimalen Zustand herzustellen, ist es also „lediglich" erforderlich, ein System von Seitenzahlungen zu entwickeln, mit dem aus der potentiellen Pareto-Verbesserung eine tatsächliche wird. Dies ist der Gedanke des Coase-Theorems. Auf den Problembereich einer internationalen Klimapolitik angewendet bedeutet dies, dass Staaten, die bei der Durchführung eines global optimalen Umweltabkommens profitieren würden, die Verliererstaaten in einem solchen Vertrag mindestens kompensieren müssten.

Allerdings entstehen hierbei Probleme: Für die transfergebenden Länder sind die von den Transfers induzierten Vermeidungsleistungen der Nehmerländer ein öffentliches Gut. Es ist nicht selbstverständlich, dass es gelingt, einen Modus zu finden, nach dem die Anteile festgelegt werden, zu denen die einzelnen Geberländer zur Finanzierung des öffentlichen Gutes beitragen. Vielmehr ist innerhalb der Gruppe der Geberländer mit dem üblichen Trittbrettfahrerproblemen zu rechnen.[122] Daneben besteht bei Transferzahlungen das Problem, dass die Empfängerstaaten die mit der Transferleistung einhergehende Reduzierungsverpflichtung womöglich nicht zuverlässig erfüllen und so die Transferleistung an sich schon stabilisierungsbedürftig ist.[123]

Ein weiteres Problem ist, dass die länderspezifischen Nutzen und Kosten, selbst wenn sie grundsätzlich als Maßstab für Umverteilungsmaßnahmen akzeptiert würden, unbekannt sind. Da diese Nutzen und Kosten aber die Transferzahlungen determinieren, entstehen Anreize zu strategischem Verhalten bei der Informationspolitik der Staaten die dann allokations-

---

122 vgl. S. BARRET, Self-Enforcing International EvironmentalAgreements, Oxford Economic Papers Vol. 46, S. 878-894, 1994 und A. ENDRESS, Die Coase-Kontroverse, Zeitschrift für die gesamte Staatswissenschaft Bd. 133, 1977, S. 637-651, in A. ENDRESS, Umweltökonomue, 3. Auflage, Stuttgart, 2007, S. 246
123 vgl. A. ENDRESS, Umweltökonomie, 3. Auflage, Stuttgart 2007, S. 246

wirksam würde.[124] Zusätzlich erschwert wird eine optimale Ausgestaltung eines monetären Transfersystems durch die Widerstände gegen eine ökonomische Bewertung von Umweltschäden bzw. der Bewertung des Nutzens ihrer Vermeidung.

Realtransfers stellen eine alternative Form des Leistungstransfers dar. So könnte z.b. ein Geberstaat dem Nehmerstaat, der zu zusätzlichen Reduzierungsleistungen veranlasst werden soll, die Umwelttechnik, die hierfür notwendig ist, zur Verfügung stellen. Damit wäre auch der Gefahr der Zweckentfremdung entgegengewirkt.[125]

Issue Linkage:

Aus spieltheoretischer Sicht ist es besonders interessant, wenn ein Vertrag über Emissionsleistungen dadurch anreizkompatibel gestaltet werden kann, dass er mit einem anderen Vertrag verknüpft wird. Dies gelingt in idealer Weise, wenn sich die beiden Verträge spiegelbildlich zueinander verhalten: Dasjenige Land, das im Umweltbereich beim Übergang zum sozialoptimalen Vertrag an nationaler Wohlfahrt verliert, gewinnt beim verknüpften Vertragsgegenstand gerade dann, wenn von der suboptimalen Situation ohne Vertrag in diesem Bereich zum sozial optimalen Vertrag vorangeschritten wird. Doch dies gestaltet sich in der Realität als äußerst schwierig, insbesondere wenn es sich um multilaterale Probleme handelt.[126]

Sanktionen:

Eine besondere Form der Verbindung verschiedener Tatbestände sind Sanktionen. Die in der Theorie und für die Praxis am häufigsten behandelte Form besteht in Handelssanktionen. Hier werden Staaten, die einem Umweltabkommen nicht beitreten oder es brechen mit dem Abbruch von Handelsbeziehungen bedroht. Ist die Ausführung von Handelssanktionen für die bestrafenden Staaten selbst vorteilhaft, so ist die Androhung einer Sanktion glaubwürdig. Ist die Handelssanktion hingegen für die bestra-

---

124 Sowohl Transfergeber als auch Transfernehmer sind dem Anreiz ausgesetzt, ihren Nutzen aus Umweltschutzmassnahmen gering und ihre Vermeidungskosten hoch zu beziffern, um hohe Transferzahlungen zu erhalten und geringere Zahlungen zu leisten. Ferner hat der Transfergeber den Anreiz, die Transfers niedrig zu halten, bzw. zu vermeiden, damit er keine Präzidenzfälle schafft und womöglich in zukünftigen Verhandlungen als schwacher Verhandlungspartner erscheint. Vgl . A. ENDRESS, Umweltökonomie, 3. Auflage, Stuttgart, 2007, S. 246 f.
125 vgl. A. ENDRESS, Umweltökonomie, 3. Auflage, Stuttgart 2007, S. 247
126 vgl. ebenda, S. 248

fenden Staaten selbst nachteilig, so ist die Sanktionsdrohung weniger glaubwürdig.[127]

3.2.3.3 Effizienz

Um eine effiziente Reduktion der klimaschädlichen Gase zu erreichen, ist es notwendig, Mechanismen zu finden, die es erlauben, dass dort, wo die Emissionsreduzierung am kostengünstigsten ist, zuerst vermieden wird. Ein Instrument hierfür ist ein Handelssystem mit Verschmutzungsrechten, wobei aber eine Obergrenze festgelegt wird. Staaten, die kostengünstiger Klimagase vermeiden können, verfügen über freie Emissionszertifikate und können diese an Staaten verkaufen, deren Reduzierungsmaßnahmen teurer sind. So wird erreicht, dass dort vermieden wird, wo es am kostengünstigsten ist. Steigen die Emissionen, steigt auch die Nachfrage nach solchen Verschmutzungsrechten und deren Preis steigt. Umgekehrt verhält es sich bei einem Rückgang der Emissionen.

Die Akteure handeln nach folgendem Kalkül: Es werden so lange Emissionen vermieden, bis die Grenzvermeidungskosten dem Preis eines Verschmutzungszertifikats entsprechen. Ab diesem Punkt werden bei Emissionsbedarf Zertifikate zugekauft. Staaten die kostengünstiger als andere Staaten Emissionen vermeiden können, werden mehr vermeiden und die freigewordenen Emissionsrechte zum Verkauf anbieten, und Staaten, in denen die Emissionsvermeidung teurer ist, werden weniger vermeiden und Zertifikate zukaufen (müssen). So kann eine effiziente Emissionsvermeidung erreicht werden.

3.3 Spieltheoretische Analyse der Entwicklung der internationalen Klimapolitik

Vor allem in Fragen der Koalitionsbildung, also an dem Punkt, an dem die einzelnen Staaten als Akteure dieses Klimaspiels in ihrer jeweiligen Kooperationsentscheidung abwägen, dem Kyoto-Protokoll beizutreten oder nicht beizutreten, werden die zuvor angeführten Elemente der Spieltheorie sichtbar. Hier kann die Spieltheorie ihren Beitrag leisten, die einzelnen nationalen Standpunkte zur internationalen Klimapolitik zu erklären.

Ebenso lässt sich die Ausgestaltung der Maßnahmen und Bestimmungen zum Klimaschutz, die die Klimaverhandlungen hervorgebracht haben, durch die Spieltheorie erklären. Das Kapitel 3.2 führte über die Beschreibung von Konfliktpotentialen aus spieltheoretischer Perspektive und der

---

127 vgl. A. ENDRESS, Umweltökonomie, 3. Auflage, Stuttgart 2007, S. 248

spieltheoretischen Analyse des Prozesses der Koalitionsbildung hin zu einem aus spieltheoretischer Sicht stabilen CO_2-Vertrag. Ein Vergleich dieses theoretischen Konstruktes und seinen spieltheoretisch erarbeiteten Anreizmechanismen mit den Begebenheiten, die die internationale Klimapolitik hervorgebracht hat, erklärt ebenfalls den Beitrag der Spieltheorie zur Entwicklung der internationalen Klimapolitik.

3.3.1 Kooperationsentscheidungen

Die 2001 ausgesprochene Ablehnung des Kyoto-Protokolls durch die USA folgt der Logik des Gefangenendilemmas. Das beste Ergebnis würde zustande kommen, wenn alle Staaten kooperieren. Da kooperative Staaten aus der Nicht-Kooperaton einzelner Staaten verlieren, spielte es für diesen Schritt der USA eine Rolle, dass nur wenige Länder Reduktionsverpflichtungen übernehmen sollten.[128] Da der Vorteil des Klimaschutzes allen Staaten zugute kommt, während die Kosten national anfallen, erfolgt eine Abwägung möglicher Gewinne aus der Trittbrettfahrerposition und denen des kooperativen Verhaltens. Die Kosten, die der Wirtschaft der USA im Falle einer Verpflichtung zur Reduktion der Emission von Klimagasen entstehen würden, wurden in den USA höher bewertet als die möglichen positiven Wirkungen, so dass nach dieser Kosten-Nutzen-Kalkulation das Einnehmen der Freifahrerposition für die USA attraktiver ist.[129]

Der Beitritt der EU-Länder zum Kyoto-Protokoll scheint auf den ersten Blick im Widerspruch zum Gefangenendilemma zu stehen. Dass es trotz dieser Dilemma-Situation mit den einzelstaatlichen Kosten-Nutzen-Überlegungen zu einer Unterzeichnung kam, lag daran, dass eine Vorreiterfunktion zur Einbindung der Entwicklungsländer in die Klimapolitik als ausschlaggebend erachtet wurde und als positive Nutzenkomponente in die Überlegungen einfloss. Hier ist aber auch zu beachten, dass im Falle der Europäischen Union eine im Vergleich zur USA andere Präferenzstruktur ähnlich der des Chicken-Games vorliegt. Krumm (1996) unterstellt in seinen spieltheoretischen Ausführungen zum Chicken-Game, dass die Präferenzstruktur der EU eine solche ist, die die Durchführung

---

128 vgl. F. MÜLLER, Kyoto-Protokoll ohne USA – wie weiter?, Berlin 2003, S. 13, zitiert
   in: H. BARDT, Klimaschutz und Anpassung: Merkmale unterschiedlicher Politik-
   strategien, in Deutsches Institut für Wirtschaftsforschung e.V. (DIW Berlin), Vier-
   teljahrshefte zur Wirtschaftsforschung, Heft 2/2005, Berlin 2005, S. 261
129 F. BÖHM, H. TRABOLD, Das Verursacherprinzip in der globalen Umweltpolitik:
   Argumente für eine Weltumweltorganisation, in: Zeitschrift für Umweltpolitik und
   Umweltrechtt, 2/2004, Frankfurt am Main 2004 2, S. 209

einseitiger Reduktionsmaßnahmen dem Nash-Gleichgewicht des Gefangenendilemmas (keine Kooperation, also kein kooperativer Klimaschutz) vorzieht.[130] In Abschnitt 3.1.2 ist dies eingehend erläutert worden.

Die eingenommene Vorreiterposition der EU bietet aber auch die Chance, kostengünstige Maßnahmen des Klimaschutzes zu entwickeln und damit andere Länder zu einer aktiven Klimapolitik zu motivieren. Das Pionierwissen der Vorreiter kann teilweise auch in wirtschaftliche Erfolge umgewandelt werden. Auch die Erfahrungen im unternehmerischen Umgang mit Instrumenten des Klimaschutzes wie dem Emissionshandel [131] können in Wettbewerbsvorteile umgesetzt werden, wenn weitere Länder derartige Systeme einführen[132] und den Nutzen in der Abwägung gegenüber den Kosten eines kooperativen Verhaltens vergrößern.

Das dem Gefangenendilemma ähnliche Problem, das der „Tragik der Allmende", lässt sich ebenfalls in der internationalen Klimapolitik beobachten: Jedes Land befürchtet, dass die anderen Länder diesen freigewordenen Umweltraum nutzen, sobald es selbst mit dem Klimaschutz beginnt. Die folgende freie ökonomische Interpretation unterstreicht diese Befürchtung: „Wenn ich weniger fossile Brennstoffe nutze, dann sinkt der Preis und die anderen bekommen den Anreiz, mehr fossile Brennstoffe zu nutzen." Jeder zeigt daher auf die Untätigkeit des anderen und unternimmt daher nichts. Der chinesische Delegationsleiter verkündete beim Nairobi-Gipfel 2006, dass China erst ab 2080 über die Senkung von Emissionen in China verhandeln werde. Vorher müsse man erst einmal, so wie es die Industrieländer vorgemacht haben, auf ein weitgehend mit Kohlekraftwerken betriebenes Wirtschaftswachstum setzen. Indien hingegen war nicht einmal bereit, überhaupt über Beiträge bzw. Ziele zu verhandeln.[133] Im Sinne der nationalen Wohlfahrtsmaximierung und anzustellender Kosten-Nutzen-Überlegungen ist es für Länder wie China oder Indien auch nicht rational, dem Kyoto-Abkommen beizutreten.[134]

Auch Russland lebte vor, dass Staaten ihren Beitritt zu einem internationalen Abkommen von einer nüchternen Kosten-Nutzen-Kalkulation ab-

---

130 vgl. R. KRUMM, Internationale Umweltpolitik, Berlin u.a. 1996, S. 9
131 Innerhalb der EU startet der Emissionshandel bereits vor der ersten Verpflichtungsperiode 2008. Dem kann ein gewisser „Übungseffekt" unterstellt werden, womit auch wettbewerbliche Vorteile verbunden sind
132 vgl. H. BARDT / J.-W. SELKE , Klimapolitik nach 2012: Optionen für den internationalen Klimaschutz, aus der Reihe: Positionen – Beiträge zur Ordnungspolitik, Nr. 29, Institut der deutschen Wirtschaft (Hrsg.), Köln 2007, S. 262
133 vgl. C. BALS, Hintergrundpapier: Bali, Poznan, Kopenhagen- Dreisprung zu einer neuen Qualität der Klimapolitik, Germanwatch e.V. (Hrsg.), Bonn 2008, S. 4
134 vgl. A. ENDRESS, Umweltökonomie, 3. Auflage, Stuttgart 2007, S. 271

hängig machen. Der russische Präsident Wladimir Putin ließ sich bis ins Jahr 2004 hinein alle Optionen offen, um die Vor- und Nachteile einer Beteiligung abzuwägen und mögliche Zugeständnisse von anderen Akteuren abzuwarten.[135] Der Ausstieg der USA verhalf Russland in diese gute Verhandlungsposition, da nun Russlands Teilnahme für das Inkrafttreten des Kyoto-Protokolls wichtig wurde.[136] Erst Zugeständnisse gegenüber Russland, wonach das Land keinen Emissionsverpflichtungen unterliegt, bewirkten, dass Russland dem Kyoto-Protokoll schließlich im September 2004 beitrat. Damit nutzte Russland die für sich positiv ergebenden Veränderungen in der Verhandlungs- und Durchsetzungsmacht aus. Die Russische Föderation benötigte bei der Entwicklungserwartung von 2004 unter keinen Umständen die ihr so zugeteilten Emissionsmengen. Durch den Emissions-Zertifikate-Handel kann diese „heiße Luft" (oder auch „hot air") gewinnbringend verkauft werden. Dies verändert natürlich den Kosten-Nutzen-Quotienten hinsichtlich der Beitrittsüberlegungen positiv.[137]

Doch nicht nur Kosten-Nutzen-Überlegungen spielen aus spieltheoretischer Sichtweise im Kalkül der internationalen Klimapolitik eine Rolle. Auch die in 3.2.1.1 angeführten Optimalitätsbedingungen können die Haltungen verschiedener Länder über Kooperation oder Nicht-Kooperation im Klimaschutz erklären. Ein Exkurs mit Ausführungen von Finus / van Ireland / Dellink (2006) in Endress (2007) macht dies deutlich:

Exkurs

Wiederholend sei kurz angeführt, dass die die Globale Wohlfahrt im Falle koordinierter Reduzierungsmaßnahmen maximiert wird, wenn die Summe der nationalen Grenznutzen den nationalen Grenzkosten einer zusätzlich vermiedenen Reduktionseinheit entspricht. Hingegen ist die Optimalitätsbedingung im Falle unkoordinierter Reduzierungsmaßnahmen die, dass der nationale Grenznutzen einer zusätzlichen Vermeidungseinheit den für das Land anfallenden Grenzkosten entsprechen muss. Die folgende Interpretation der nachstehenden Tabelle gibt Aufschluss über die Anreizkompatibilität des Kyoto-Protokolls für die einzelnen Staaten bzw. Staatengruppen.

---

135 vgl. M. MARBERGER, Die Internationale Umweltpolitik am Beispiel des Klimaschutzregimes, Diplomarbeit, Innsbruck 2004, S. 89

136 Seit dem Ausstieg der USA ist die Beteiligung der Russischen Föderation mit 17% der Gesamtemissionen ausschlaggebend für das Inkrafttreten und Weiterbestehen des Abkommens, da 55% der Gesamtemissionen mit den ratifizierenden Ländern vereint sein müssen, damit das Kyoto-Protokoll in Kraft tritt

137 vgl. A. MICHAELOWA, T. KOCH, Russland: der passende Schlüssel zum Inkrafttreten des Kioto-Protokolls?, in: HWWA-Forum, Wirtschaftsdienst 2002/9, Hamburgisches Welt-Wirtschafts-Archiv (HWWA), Hamburg 2002, S. 563

Regions	Total emission reduction	Total abatement costs	Total benefits from abatement	Payoff	Payoff no cooperation	Marginal abatement costs	Marginal benefits	Incentive to change membership strategy
(1)	(2)	(3)	(4)	(5)	(6)	(7)	(8)	(9)
	Gton over 100 years	bln US$ over 100 years	bln US$ over 100 years	bln US$ over 100 years	bln US$ over 100 years	US$/ton	US$/ton	bln US$ over 100 years
(1) USA	32	332	906	574	415	28,0	8,5	65,3
(2) JPN	3	38	691	653	354	28,0	6,5	-46,9
(3) EEC	14	147	945	798	464	28,0	8,8	-52,8
(4) OOE	9	83	138	55	71	28,0	1,3	70,5
(5) EET	9	85	52	-33	27	28,0	0,5	80,3
(6) FSU	17	157	270	113	135	28,0	2,5	114,6
(7) EEX	1	0	120	120	62	1,1	1,1	-113,5
(8) CHN	15	16	248	232	112	2,3	2,3	-794,9
(9) IND	3	3	200	197	101	1,9	1,9	-172,7
(10) DAE	1	0	100	99	51	0,9	0,9	-93,9
(11) BRA	0	0	61	61	32	0,6	0,6	-6,5
(12) ROW	4	4	272	268	137	2,5	2,5	-137,8
World	107	865	4005	3140	1960			

Quelle: C. BOEHRINGER, M. FINUS, The Kyoto Protokoll – Success or Failure, Oxford 2005, S. 268, verwandt in A. ENDRESS, Umweltökonomie, 3. Auflage, Stuttgart, 2007, S. 268

Tabelle 2: Baseline Emissions and Emission Reduction Targets for Annes B Regions

Der Rückzug der USA aus dem Kyoto-Prozess verursachte öffentliche Aufregung. Allerdings kommt man nach einer nüchternen Betrachtung der Lage aus der Sicht der Vereinigten Staaten zu dem Schluss, dass das Kyoto-Protokoll für die USA nicht attraktiv ist. Sieht man von Gerechtig-keitsüberlegungen ab, ist es ebenso für die Länder China und Indien im Sinne der nationalen Wohlfahrtsmaximierung nicht ratsam, dem Kyoto-Abkommen beizutreten.

Folgender Ausschnitt aus einer Modellrechnung von Finus / van Ireland/Dellink (2006) [138] verdeutlicht dies.

Die obige Tabelle ist wie folgt zu lesen: In der ersten Spalte sind 12 Länder bzw. Ländergruppen aufgeführt. [139] Die nächsten 3 Spalten erklären sich durch die Bezeichnungen der Kopfleiste selbst. [140]

Bei den der Tabelle zugrunde liegenden Berechnungen sind zunächst die 12 Regionen auf folgende Weise in Signatarstaaten und Nicht-Signatarstaaten aufgeteilt: Die ersten 6 Regionen bilden eine Koalition zur Bekämpfung des Treibhauseffekts. Dies sind die Signatarstaaten. Die anderen 6 Regionen (Nicht-Signatar-Staaten) agieren jeweils als „Autisten". Diese Ausgangslage kann als stilisierte Darstellung eines internationalen Umweltabkommens gelten, das dem Kyoto-Abkommen in der Phase vor dem Abgang der USA in wesentlichen Punkten ähnlich ist. Bei den Berechnungen ist unterstellt, dass sich die Mitglieder der Koalition nach folgendem Muster verhalten: Jedes Mitglied wählt sein Emissionsniveau so, dass die aggregierte Wohlfahrt der Gruppe der Koalitionäre maximiert wird.

Entsprechend erfüllen die in der Tabelle angegebenen Emissionsvermeidungsmengen der Koalitionäre die Bedingung für ein auf die Koalition beschränktes „globales" Optimum. Diese Bedingungen bestehen erstens darin, dass die Grenzvermeidungskosten der einzelnen Staaten einander gleich sind. Ein Blick auf die 7. Spalte der Tabelle bestätigt dies für die Koalitionäre. Die individuellen Grenzvermeidungskosten betragen jeweils 28,0.

Die zweite Optimalitätsbedingung fordert, dass die Grenzvermeidungskosten jedes einzelnen Staates den über alle Staaten (der Koalition) aggregierten Grenzschäden entsprechen. Addiert man die Werte aus Spalte 8 der 6 Koalitionäre, so erhält man 28, was dem Wert der Grenzvermei-

---

138 vgl. die hier wiedergegebene Darstellung ist eine erweiterte Fassung der Tabelle 4 auf S. 280 in M. FINUS, E. v. IERLAND, R. DELLINK, Stability of Climate Coalitions in a Cartel Formation Game, Economics of Governance Vol. 7, S. 271-291, 2006 o.O., in A. ENDRESS, Umweltökonomie, 3. Auflage, Stuttgart 2007, 271 ff.

139 Die 12 Regionen sind: USA (USA), Japan (JPN), European Union (EEC), Other OECD countries (OOE), Central and Eastern European Countries (EET), Former Soviet Union (FSU), Energy exporting countries (EEX), China (CHN), India (IND), Dynamic Asian economies (DAE), Brazil (BRA) and Rest of world (ROW). Die EU umfasst hier diejenigen Staaten, die 1995 Mitglieder waren.

140 Bedeutung der englischen Begriffe im deutschen Wortlaut: „Abatement costs": Vermeidungskosten; „Benefits from abatement": Nutzen aus der Vermeidung; „Pay-off": Auszahlung; „Marginal abatement costs": Grenzvermeidungsosten; „Marginal benefits" : Grenznutzen;

dungskosten der einzelnen Staaten entspricht. Damit ist auch diese Optimalitätsbedingung erfüllt.

Auch die „Einzelkämpfer" verhalten sich wie es in den vorhergehenden Abschnitten ausgeführt wurde. Sie verhalten sich wie im Nash-Gleichgewicht. Jeder wählt seine Emissionsvermeidungsmenge so, dass seine eigene Wohlfahrt bei gegebenem Verhalten der anderen Staaten maximiert wird. Er wählt seine Reduktion also so, dass im Gleichgewicht seine Grenzschäden seinen Grenzvermeidungskosten entsprechen. Ein Vergleich der Spalte 7 mit der Spalte 8 unterstreicht dies.

Um nun die entscheidende Frage nach der Anreizkompatibilität einer Emissionsreduzierungs-Koalition zu stellen, ist es sinnvoll, die Frage in zwei Teilfragen nach der individuellen Rationalität und der Stabilität aufzuteilen. Letztere wird wiederum in die Frage der internen- und der externen Stabilität unterteilt.

Zunächst wird die individuelle Rationalität beleuchtet: Für einen Staat ist seine Zustimmung zu einer internationalen Vereinbarung rational, wenn seine Nettowohlfahrt in der vereinbarten Situation höher liegt als im Nash-Gleichgewicht. Ein Vergleich der Spalte 5 („Auszahlung" im Kooperationsfall) mit der Spalte 6 („Auszahlung" im Falle eines Einzelgänger-verhaltens) ergibt, dass die drei Koalitionäre OOE, EET und FSU in der Koalition schlechter stehen als in einer Welt der Einzelkämpfer. Für sie ist das in der Ausgangslage unterstellte Abkommen nicht individuell rational und diese vom Kyoto-Protokoll inspirierte Konstellation nicht attraktiv.

Die USA erreichen mit einer Kooperation eine höhere Wohlfahrt als mit einer Einzelgängerstrategie. Dies ergibt ein Vergleich der Spalten 5 und 6. Um jedoch den Ausstieg der USA aus dem Kyoto-Protokoll zu erklären, muss man die innere Stabilität des Abkommens betrachten. Die Spalte 9 gibt Aufschluss darüber, wie hoch der Gewinn eines Koalitionärs bei künftigem Trittbrettfahrerverhalten wäre. Hier ist zu sehen, dass die USA mit einem solchen Verhalten noch besser gestellt sind. Einzig die EU und Japan würden sich mit einer Freifahrer-Strategie schlechter stellen.

Die Werte in Spalte 9 ergeben sich dadurch, dass die Reoptimierungs-Strategie der verbleibenden Koalitionäre in dieses Modell mit einberechnet ist, also diese Staaten ihre Reduktionsmengen mit Blick auf die neue Konstellation neu optimieren.

Insgesamt ist die ursprüngliche Koalition also nur aus sicht der EU und Japan intern stabil. Für die Länder der Blöcke OOE, EET und FSU ist zudem noch die Bedingung der individuellen Rationalität verletzt.

Das Verharren Chinas und Indiens auf ihrer unkooperativen Strategie erklärt die Betrachtung der externen Stabilität: Allgemein muss hier die Frage gestellt werden, ob es für einen Nicht-Signatarstaat attraktiv ist, der Koalition beizutreten. Die Spalte 9 der Tabelle 2 zeigt für alle Nicht-Signatarstaaten (China und Indien mit eingeschlossen) negative Werte. Es ist also für diese Staaten nicht attraktiv, Reduzierungsverpflichtungen einzugehen. Es ist auch ersichtlich, dass die Schwellenländer und die Entwicklungsländer kein Interesse daran haben, in die Verpflichtungen des Kyoto-Protokolls mit einbezogen zu werden.

Diese Modellrechnung bildet die Realität verständlicherweise nicht genau ab. Dennoch wird die Realität mit ihren Strukturelementen hier wesentlich erfasst, so dass es hiermit möglich ist, eine plausible spieltheoretisch fundierte Erklärung für die Positionen der einzelnen Länder oder Länderblöcke abzugeben.[141]

3.3.2 Vertragsgestaltung

Weitere spieltheoretische Erklärungsansätze für die Entwicklung der internationalen Klimapolitik ergeben sich aus der Betrachtung von Effizienz- und Verteilungsaspekten.

3.3.2.1 Effizienz- und Verteilungsaspekte

Eine effiziente Reduzierung von Klimagasen wird durch den im Kyoto-Protokoll verankerten Handel mit Emissionsrechten erleichtert. Der Handel mit Emissionsrechten ist auch eine Weiterentwicklung des in 3.1.4 angeführten Coase-Theorems.

Das Klimaregime als Vertretung der Weltgemeinschaft betrachtet sich hier als Eigentümer der Umweltrechte und legt die Menge der Lizenzen fest, die dem global optimalen (oder ausgehandelten) Emissionsvolumen entsprechen. Dieser Mechanismus soll den Vertragsstaaten ermöglichen, ihre Reduktionspflichten zu erfüllen und gleichzeitig die dabei anfallenden Kosten zu minimieren. Bei handelbaren Emissionsrechten wird das Recht auf eine bestimmte Emissionsmenge eines Stoffes (zum Beispiel CO_2) verbrieft und dieses Recht handelbar gemacht. [142] Emissionen werden dann dort stattfinden, wo die Reduktion am günstigsten ist. Staaten mit hohen Reduktionskosten werden weniger reduzieren und denjenigen

---

141 vgl. A. ENDRESS, Umweltökonomie, 3. Auflage, Stuttgart 2007, S. 270 ff.
142 vgl. R. GERES, Nationale Klimapolitik nach dem Kyoto-Protokoll, Frankfurt am Main und Wien 2000, S. 104

Staaten mit günstigen Reduktionsmöglichkeiten ihre Emissionsrechte abkaufen.

Die Länder mit den günstigen Reduktionsmöglichkeiten werden solange reduzieren, bis deren Grenzkosten der Emissionsvermeidung dem erzielbaren Emissionszertifikatspreis entsprechen. So wird der Forderung nach effizienter Emissionsreduzierung Rechnung getragen.

Auch die weiteren Bestimmungen aus dem Kyoto-Protokoll berücksichtigen Effizienz- und Verteilungsaspekte, die in Kapitel 3.2.1.3 behandelt wurden. So tragen die flexiblen Kyoto-Mechanismen Joint Implementation, Clean Developement Mechanism, sowie die Sonderregelung „Gemeinsame Zielerreichung" ebenfalls zu einer effizienten Reduzierung von Klimagasen bei:

Joint Implementation erlaubt es den im Annex B des Kyoto-Protokolls genannten Industrieländern Klimaschutzprojekte gemeinsam durchzuführen. Hierbei finanziert ein Industrieland Emissionsmaßnahmen in einem anderen Industrieland. Für diese projektbezogene Emissionsreduzierung erhält das finanzierende Industrieland entweder eine Emissionsgutschrift oder es darf die im Partnerland vermiedenen Emissionen während der ersten Verpflichtungsperiode zusätzlich emittieren.[143]

Hingegen erlaubt es der Clean Developement Mechanism den Industrieländern, Klimaschutzprojekte in Entwicklungsländern durchzuführen. Die Finanzierung obliegt hierbei dem Industrieland. Dafür darf dieses dann die durch das Projekt vermiedenen Emissionen wie beim Joint Implementation gutschreiben lassen.[144]

Der Handel mit Emissionszertifikaten, Joint Implementation und der Clean Developement Mechanism führen dazu, dass dort Emissionen vermieden werden, wo es am kostengünstigsten ist, eine Reduzierung einer Gesamtemissionsmenge also effizient erfolgt.

Die Europäische Union setzt unter den oben angeführten Effizienz-Überlegungen ein Sonderregelung des Kyoto-Protokolls in die Tat um. In Zuge der „Gemeinsamen Zielerreichung" legt die Europäische Union ihr gemeinsames EU-weites Reduktionsziel auf -8% des Ausgangswertes von 1990 fest. Manche Staaten übernehmen größere Reduktionsverpflichtungen, mache weniger große und mache EU-Staaten dürfen in diesem gemeinsamem Reduktionsziel sogar noch mehr emittieren. Durch die

---

143 vgl. A. ENDRESS, Umweltökonomie, 3. Auflage, Stuttgart 2007, S. 262
144 vgl. ebenda, S. 261 f.

Festlegung einer gemeinsamen Zielerreichung für die EU-Staaten besteht auch hier die Möglichkeit einer effizienten Reduzierung.[145]

Neben dem Aspekt einer effizienten Emissionsreduzierung erklären auch Verteilungsaspekte das Zustandekommen einiger Bestimmungen des Kyoto-Protokolls. So sind die Investitionsmaßnahmen der finanzierenden Länder in Joint Implementation- und Clean Developement-Projekten als Transfers in die Länder zu bewerten, in denen die Maßnahmen durchgeführt werden.

Doch nicht nur den Überlegungen zur Effizienz und zu Verteilungsaspekten tragen die genannten flexiblen Mechanismen des Kyoto-Protokolls Rechnung. Diese Instrumente erhöhen auch die für einen spieltheoretisch stabilen Klimaschutzvertrag notwendigen Partizipationsanreize für noch außen stehende Staaten, das Kyoto-Protokoll zu ratifizieren.

3.3.2.2 Issue-Linkage

Der Handel mit Emissionsrechten, Joint Implementation und der Clean-Developement Mechanism ist für eine Reihe von Staaten wirtschaftlich attraktiv. Für die USA (als Beispiel für ein außen stehendes Industrieland), indem sie gerade über die Instrumente des Clean Developement Mechanism und des Joint Implementation zum einen attraktive Märke erschließen kann und zum anderen „günstig" an Emissionsrechte kommt. Für Entwicklungsländer sind diese Mechanismen attraktiv, da sie Investitionen in ihrem Land erhalten, jedoch keinen Reduktionspflichten unterliegen. Russland kann mit seiner überschüssigen „hot air" als großer Anbieter von Emissionsrechten am Markt teilnehmen.

Diese wirtschaftliche Attraktivität der Kyoto-Mechanismen kann als Issue Linkage, also als ein mit dem Beitritt verknüpftes Abkommen wirken. Denn nur Staaten, die das Kyoto-Protokoll ratifiziert haben, dürfen an diesen Mechanismen teilnehmen. Damit wird hier auch der Gedanke der Hyperspiele berührt. Die Verknüpfung der Teilnahme an den Kyoto-Mechanismen an die Ratifizierung des Kyoto-Protokolls ist mit der Verknüpfung verschiedener Spiele zu vergleichen. Die Festlegung verschiedener Erfüllungsperioden (die erste beginnt 2008 und endet 2012) und die bis dato alljährlichen Verhandlungen darüber stellen eine Wiederholung des immer gleichen Basisspiels dar, in dem die Reduktionsverpflichtungen neu verhandelt werden. Damit passt die internationale Klimapolitik auch in das Schema von Hyper- und Superspielen. Dies ermöglicht es schließlich, dass Sanktionen wirksam werden können, da Reaktionen auf

---

145 vgl. S. OERTHÜR / H. OTT, The Kyoto Protocol, Berlin 1999, S. 148

das Verhalten anderer Akteure in der aktuellen Erfüllungsperiode in folgenden Spielperioden wirksam werden können.

3.3.2.3 Sanktionen

Der aus spieltheoretischer Sicht naheliegende Sanktionsmechanismus wäre die Tit-for-Tat-Strategie, die dem Prinzip „wie du mir, so ich dir" gehorcht. Bezogen auf die Klimapolitik würde dies bedeuten: „Reduzierst du in dieser Periode nichts, dann werde ich in der nächsten Periode auch nichts vermeiden." Bei einem Superspiel mit unendlichem Zeithorizont wäre das Ergebnis einer solchen Droh-Strategie die Kooperation. Da die Anzahl der Spieler im Falle der internationalen Klimapolitik aber weit größer als zwei ist, funktioniert dieser Sanktionsmechanismus dort nicht. Selbst wenn ein Staat nicht kooperiert, ist es für die anderen Staaten (vorausgesetzt, sie repräsentieren einen Großteil der Emittenten) weiterhin lohnend, zu kooperieren, da der Schaden wesentlich größer wäre, wenn alle Staaten aussteigen würden. Es kann sogar für die verbleibenden Staaten sinnvoll sein, die eigenen Reduktionen zu steigern. Denn wenn ein Land seine Reduktionen senkt, steigt der Grenznutzen einer zusätzlichen Reduktion für die verbleibenden Staaten.[146]

Ein stabiler Klimavertrag muss daher Sanktionsmechanismen beinhalten. Das Kyoto-Protokoll lässt zwei Bestrafungsformen zu. Erstens muss ein Staat, der mehr emittiert als mit seiner Kyoto-Verpflichtung vereinbar, die überschüssigen Sanktionen im späteren Spiel, also der späteren Erfüllungsperiode zusätzlich reduzieren. Außerdem wird er mit einem Strafzuschlag belastet, der darin besteht, dass sich seine künftige Reduktionsverpflichtung um 30% des Betrages der unzulässig emittierten Schadstoffe erhöht. Das zweite Sanktionsinstrument besteht darin, dass einem vertragsbrüchigen Land das Recht entzogen werden kann, am Emissionshandel teilzunehmen.[147]

3.4 Fazit zu Kapitel 3

Die voran gegangenen Ausführen haben gezeigt, welchen Beitrag die Spieltheorie zur Erklärung der internationalen Klimapolitik leistet. Verhalten und Positionen einzelner Länder können spieltheoretisch erklärt werden. Entscheidungen über Kooperation und Nicht-Kooperation wurden so beleuchtet.

---

146 vgl. R. SCHWELGLER, Joint Implementation - ein neues Konzept der Klimapolitik, Bamberg 1998 (überarbeitete Fassung 2000), S. 9
147 vgl. A. ENDRESS, Umweltökonomie, 3. Auflage, Stuttgart 2007, S. 275 f.

Auch zur Erklärung der Ausgestaltung von Bestimmungen und Maßnahmen, die sich aus den Klimaschutzverhandlungen ergaben, trägt die Spieltheorie bei. So sind die in Kapitel 3.2.1 von Heister (1997) spieltheoretisch dargelegten Konfliktpotentiale in die von Endress (2007) erarbeiteten spieltheoretischen Lösungskonzepte für eine stabile internationale Klimaschutzvereinbarung eingeflossen (Kapitel 3.2.3). Diese Elemente lassen sich, wie die obige Analyse ergab, in den Bestimmungen der internationalen Klimapolitik wieder finden. Hierin ist der Beitrag der Spieltheorie zur Erklärung der Entwicklung der internationalen Klimapolitik zu erkennen.

Die Spieltheorie bewegt sich vorwiegend auf der Handlungsebene einzelner Entscheider und geht davon aus, dass Subjekte grundsätzlich rational handeln.[148] Die einzelnen Staaten und Staatengruppen als Akteure in der internationalen Klimapolitik stellen die einzelnen Entscheider dar.

Jedoch werden Entscheidungen nicht von rational handelnden Spielern (hier: Staaten) getroffen, sondern immer und ausschließlich durch Individuen. Das Individuum handelt und entscheidet auch bei öffentlichen und politischen Themen streng aus einem Eigeninteresse heraus, ist von ökonomischen Interessen geleitet und betreibt ausschließlich seine eigene Nutzenmaximierung. Diese Annahme gilt sowohl für jedes Mitglied der Gesellschaft, das indirekt als Wähler oder Mitglied einer politisch aktiven Interessengruppe an der politischen Willensbildung teilnimmt, als auch für die Politiker, die in einer repräsentativen Demokratie aktiv öffentliche Entscheidungen treffen.

Das Motiv eines Politikers ist es demnach nicht, dem Allgemeinwohl zu dienen, sondern wie andere Individuen auch, ausschließlich an seiner individuellen Nutzenmaximierung interessiert zu sein und dementsprechende Entscheidungen als Politiker und Entscheider im Staat zu treffen.[149]

Ein globales Klimaschutz-Optimum im Sinne des Allgemeinwohls wird so durch solche Entscheidungen nicht erreicht. Es ist die Public-Choice-Theorie, die diese erwähnten Gedankten vereint und neben der Spielthe-

---

148 vgl. WIKIPEDIA, o.Verf, o.O., o.J, http://de.wikipedia.org/wiki/Spieltheorie, 10.10.2008

149 vgl. J. BUCHANAN / G. TULLOK, The Calculus of Consent. Logical Foundations of Constitutional Democracy. in University Michigan Press, Ann Arbor 1962, S. 119 ff., zitiert in: F.BÜSCHER, Ursachen und Überwindung des Reformstaus in Deutschland im Lichte der Public-Choice-Theorie - Zum Nobelpreis an James M. Buchanan Jr. (1986), Köln 2005, S. 4f.

orie mit ihren Annahmen ebenfalls zur Erklärung der Entwicklung der internationalen Klimapolitik beitragen kann.

Konnte man mit Hilfe der Spieltheorie noch einen normativen Ansatz verfolgen, in dem man den spieltheoretisch erarbeiteten Konfliktpotentialen spieltheoretische Lösungsansätze folgen ließ, so ist die Herangehensweise im Folgenden eine andere. Die Public-Choice-Theorie ist erklärend, eine normative Erarbeitung einer „optimalen Klimapolitik" wie unter dem Aspekt der Spieltheorie findet hier also keinen Platz.

Im folgenden Kapitel 4 werde ich in Kapitel 4.1 als theoretischen Hintergrund die Interessen der relevanten Akteursgruppen darstellen. Der Abschnitt 4.2 beschreibt die Konfliktparteien in der internationalen Klimapolitik und im Abschnitt 4.3 werden die Konfliktlinien in der internationalen Klimapolitik skizziert. Der Abschnitt 4.4 zeigt dann den Beitrag der Public-Choice-Theorie zur Erklärung der Entwicklung der internationalen Klimapolitik: Hier erfolgt eine positive Analyse der Begebenheiten der internationalen Klimapolitik und der Positionen und der Haltungen der beteiligten Akteure aus der Perspektive der Public-Choice-Theorie.

4 Beitrag der Public-Choice-Theorie zur Erklärung der Entwicklung der internationalen Klimapolitik

4.1 Theoretischer Hintergrund

Die Public-Choice-Theorie unterscheidet zwischen vier Akteursgruppen, die in einer indirekten Demokratie die Entscheidungen im politisch-administrativen Bereich direkt oder indirekt beeinflussen. Direkte Entscheidungsträger sind die Politiker. Aus der Gruppe der Politiker wählt der Wähler die Regierung aus, welche die höchste Machtinstanz darstellt und politische Beschlüsse fällt. Da diese auf eine demokratische Legitimation angewiesen ist, orientiert sie sich bei ihren Entscheidungen an den vermeintlichen Präferenzen der Wähler und richtet ihr politisches Programm hierauf aus. Politiker treten hierbei als Anbieter von politischen Programmen auf, die von den Wählern entsprechend nachgefragt werden.

Direkte Entscheidungskompetenz haben auch die Bürokraten. Sie sollen die politischen Beschlüsse der Regierung umsetzen. Allerdings haben die Bürokraten hierbei eine Autonomiestellung in ihren Tätigkeiten und damit eine Gestaltungskompetenz inne. Die mangelnde Einsicht der Regierung in die Tätigkeiten der Bürokraten ergibt dieses.

Doch auch die Bürokraten unterliegen dem Einfluss von Gruppen, die außerhalb des Entscheidungsprozesses stehen, aber ebenfalls eigene Interessen mit ihren Entscheidungen verknüpfen. Dies sind Interessengruppen bzw. Verbände, die durch Lobbyaktivitäten politische und administrative Entscheidungen in ihrem Sinne beeinflussen. Die Politiker sind zudem auf die Gunst der Wähler angewiesen, die ebenso wie die Interessengruppen einen indirekten Einfluss auf politische Entscheidungen ausüben.[150]

Die Public-Choice-Theorie bildet mit den vier genannten Gruppen den politischen Willensbildungsprozess und die Determinanten staatlichen Handelns in einer indirekten Demokratie ab.[151] Sie liefert einen Rahmen zur Abbildung politischer Entscheidungsprozesse. Die Public-Choice-

---

150 Das hier skizzierte Modell geht im Wesentlichen auf A. DOWNS, An Economic Theory of Democracy, New York (1957) zurück und wird in: S. VON GREINER, Joint Implementation in der Klimapolitik aus Sicht der Publich Choice-Theorie, in HWWA-Report Nr. 159, Hamburgisches Welt-Wirtschafts-Archiv (HWWA), Hamburg 1996, umfassend dargestellt.

151 vgl. S. VON GREINER, Joint Implementation in der Klimapolitik aus Sicht der Public-Choice-Theorie, in HWWA-Report Nr. 159, Hamburgisches Welt-Wirtschafts-Archiv (HWWA), Hamburg 1996, S. 33 f.

Theorie kann Konfliktstrukturen offen legen, muss aber auf einen allumfassenden Anspruch verzichten.[152]

Zunächst werde ich allgemein den Einfluss der unterschiedlichen Akteursgruppen auf die Politik darstellen. In Abschnitt 4.2 folgt eine Darstellung der Positionen der wichtigsten Akteure und Staatengruppen in der internationalen Klimapolitik. Nachdem im Anschluss daran die Konfliktlinien in der internationalen Klimapolitik skizziert worden sind, erfolgt eine Analyse der dargestellten Positionen und Konfliktlinien aus Sicht der Public-Choice-Theorie. Diese Analyse erläutert den Beitrag der Public-Choice-Theorie zur Erklärung der Entwicklung der internationalen Klimapolitik.

4.1.1 Wähler

Die staatliche Tätigkeit wird von den Wählern daran gemessen, wie groß der ihnen zufließende Nutzen ist. Woraus einem Wähler Nutzen entsteht ist aber individuell verschieden. Im Allgemeinen wird eine Einkommensabhängigkeit unterstellt: Je größer die finanziellen Vorteile des einzelnen Wählers aus einer politischen Maßnahme sind, desto größer ist auch der individuelle Nutzenvorteil, den er dieser Maßnahme beimisst. Hierbei ist zu beachten, dass die finanziellen Vorteile eines Wählers in entscheidendem Maße von seiner Gruppenzugehörigkeit abhängen: Bei der Heterogenität der Wählerschaft ist dagegen davon auszugehen, dass politische Maßnahmen nie die Gesamtheit der Wähler gleichermaßen betreffen, sondern jeweils bestimmte Gruppen begünstigen oder benachteiligen. Gleiches gilt auch für die zweite, rein subjektive Nutzenkomponente der Wähler: Ihre ideologischen Präferenzen. Den Wählern entsteht ein Nutzengewinn, wenn politische Entscheidungen ihre jeweiligen ideologischen Ziele fördern. Die ideologischen Präferenzen lassen sich in Umfragen ermitteln und finden so im Entscheidungskalkül der Politiker ihren Platz.

Als rational handelnde Individuen werden die Wähler derjenigen Partei oder demjenigen Politiker ihre Stimme geben, von denen sie glauben, dass sie ihnen in der kommenden Legislaturperiode den größten Nutzen bringen werden.[153]

---

152 vgl. ebenda, S. 37 f.
153 vgl. S. VON GREINER, Joint Implementation in der Klimapolitik aus Sicht der Public-Choice-Theorie, in HWWA-Report Nr. 159, Hamburgisches Welt-Wirtschafts-Archiv (HWWA), Hamburg 1996, S. 32 f.

4.1.2 Verbände

Neben der Beteiligung an Wahlen können die Wähler auch aktiv durch Investition in Lobbyaktivitäten auf politisch-administrative Entscheidungen Einfluss nehmen. Die Kosten für eine erfolgreiche Lobbyarbeit sind jedoch so hoch, dass diese in der Regel nicht von einem Individuum alleine getragen werden können. Sie schließen sich daher in Interessenverbänden zusammen. Das inhaltliche Ziel eines Interessenverbandes und damit die Präferenzen der Individuen sind hierbei beliebig. Als Ziele können die Erhöhung des eigenen Einkommens dienen oder auch jeder andere materielle oder immaterielle Zweck.

Interessenverbände verfügen über mehrere Kanäle der Einflussnahme: Eine wichtige Strategie ist das Bereitstellen von Informationsdienstleistungen für die politisch-administrativen Entscheidungsträger, die diesen ihre Arbeit erleichtern. Die Informationen werden so aufbereitet, dass die von den Verbänden gewünschten Politikmaßnahmen als konkrete Programmvorschläge formuliert werden, deren Umsetzung scheinbar zu Stimmenzuwächsen führt. Die Verbände sind auch aus anderem Grunde für die Politiker interessant, als sie ein relativ homogenes Wählerpotential bieten, an dessen Wünschen sich die Politiker leicht orientieren können. Einige Verbände haben zudem das Potential, auf außen stehende Wähler Einfluss ausüben zu können. Des Weiteren können sie durch Spenden an Politiker oder Parteien und Bürokraten die Politik in ihrem Sinne beeinflussen.[154]

4.1.3 Politiker

Die Nutzenfunktion eines Politikers ist durch die Zielvariablen Macht, Prestige und Einkommen geprägt. Daher streben Politiker als Nutzenmaximierer nach politischen Ämtern, mit denen die genannten Ziele verbunden sind. Da der Weg in diese Ämter über Wahlen geht, transformiert der Politiker zum Stimmenmaximierer oder zu einer Art politischem Unternehmer und versucht, möglichst viele Wähler für sich zu gewinnen. Er handelt rational, wenn er seine Programme so ausrichtet, dass sich die

154 vgl. ebenda, S. 37 f.
154 vgl. S. VON GREINER, Joint Implementation in der Klimapolitik aus Sicht der Public-Choice-Theorie, in HWWA-Report Nr. 159, Hamburgisches Welt-Wirtschafts-Archiv (HWWA), Hamburg 1996a, S. 34

Grenzverluste und Grenzgewinne einer politischen Maßnahme genau entsprechen.[155]

Klimapolitik ist für Politiker ein Politikfeld unter vielen. Es wird also nur relevant, wenn seine Beachtung Wählerstimmen verspricht. Angesichts der hohen Informationskosten der Wähler ist es für die Politiker rational, Klimapolitik als Bündel zahlreicher, möglichst öffentlichkeitswirksamer Einzelmaßnahmen zu betreiben, die gut organisierten Interessengruppen zu gute kommen, während die Kosten breit über die Wählerschaft gestreut werden oder in die Zukunft bzw. ins Ausland verlagert werden. Hinzu kommt spürbarer Aktionismus, wenn meteorologische Extremereignisse den Wählern die Auswirkungen einer Klimaveränderung vor Augen führen.[156]

In politischen Systemen, in denen es keine Absicherung der Politiker über Listenwahl gibt, ist es wahrscheinlich, dass Parlamentarier nicht an der Stimmenmaximierung ihrer Partei, sondern an ihrer eigenen Stimmenmaximierung interessiert sind. Sie werden sich also verstärkt an den Wählerinteressen ihres Wahlkreises orientieren. Kurzfristige Arbeitsplatzinteressen spielen dann eine erheblich größere Rolle. Eventuelle positive Auswirkungen gesamtstaatlicher Klimaschutzmaßnahmen sind auf Wahlkreisebene nur schwer zu vermitteln.

Nationale Politiker sehen sich in den internationalen Klimaverhandlungen anderen Konstellationen gegenüber als im Inland. Die durch die Interaktion der nationalen Akteure entstandene nationale Verhandlungsposition versteift sich zunächst. Nationale Politiker haben ein Interesse daran, das Referenzszenario der Kosten der Emissions-Reduktion für ihr Land möglichst ungünstig darzustellen, um bei der Verhandlung von Emissionszielen eine günstigere Ausgangsbasis zu gestalten.[157]

---

155 Die Ausgaben werden solange erhöht, bis der Stimmengewinn, der durch die letzte Ausgabe erreicht wird dem Verlust der Stimmen entspricht, der durch die letzte aus staatlichen Finanzquellen entnommenen verursacht wird.

156 vgl. C. HELM, H.-J. SCHNELLHUBER, Wissenschaftliche Aussagen zum Klimawandel - zum politischen Umgang mit objektiv unsicheren Ergebnissen der Klimaforschung, Potsdam 1998, zitiert in: A. MICHAELOWA, Übertragung des Demokratiemodells der Neuen Politischen Ökonomie auf die Klimapolitik, in HWWA-Diskussionspapier Nr. 53, Hamburgisches Welt-Wirtschafts-Archiv (HWWA), Hamburg 1998, S. 14

157 vgl. E. JOCHEM, H. HERZ, W. MANNSBART, Analyse und Diskussion der jüngsten Energiebedarfsprognosen für die großen Industrienationen im Hinblick auf die Vermeidung von Treibhausgasen, Bonn 1994, zitiert in: A. MICHAELOWA, Übertragung des Demokratiemodells der Neuen Politischen Ökonomie auf die Klimapolitik, in HWWA-Diskussionspapier Nr. 53, Hamburgisches Welt-Wirtschafts-Archiv (HWWA), Hamburg 1998, S. 34

Den heimischen Interessengruppen wird einerseits von den nationalen Politikern vermittelt, dass deren Interessen Rechnung getragen werden. Andererseits aber befinden sich die nationalen Politiker bereits in einem Prozess, in dessen Rahmen nur noch Vertreter weniger Länder als Repräsentanten der beteiligten Ländergruppen teilnehmen. Dort müssen sie sich dann unter Inkaufnahme von Abstrichen der nationalen Interessengruppen abstimmen. Dies könnte zu Verlusten von Wählerstimmen in der Heimat führen, da sowohl Wähler mit Klimaschutzpräferenz als auch solche mit Arbeitsplatzpräferenz entsprechende Ergebnisse erwarten. Dies hat zur Folge, dass Sonderregelungen entstehen und Zielzeitpunkte fern der nächsten Wahlperiode vereinbart werden.[158]

4.1.4 Bürokraten

Der Nutzen eines Bürokraten besteht nicht nur in der schlichten Umsetzung politischer Vorgaben, sondern er hängt ebenso wie der Nutzen eines Politikers von persönlichen Zielen ab. Einkommen, Macht, Prestige, Sicherheit und Fortkommen sind hier hauptsächlich anzuführen. Diese Ziele korrelieren positiv mit dem Budget, über das er verfügen kann. Als rationale Individuen werden Bürokraten daher versuchen, ihr Budget zu maximieren, wodurch die Verwaltung insgesamt eine Tendenz zur Selbstaufblähung hat. Alternativ zur Budgetmaximierung, die in Konkurrenz mit anderen Verwendungszwecken steht, können die Bürokraten ihre eigene Position auch dadurch festigen, dass sie die von ihnen gesetzten Regularien ausbauen. Als Nutzenmaximierer versuchen sie deshalb, den eigenen Kompetenzbereich auszuweiten.[159]

4.2 Konfliktparteien in der internationalen Klimapolitik

Zwischen den an den Klimaverhandlungen teilnehmenden Staaten ging es von Anfang an aufgrund geographischer, ökonomischer, sozialer und politischer Unterschiede um differierende Interessen und Prioritäten.[160]

158 Vgl. A. MICHAELOWA, Übertragung des Demokratiemodells der Neuen Politischen Ökonomie auf die Klimapolitik, in HWWA-Diskussionspapier Nr. 53, Hamburgisches Welt-Wirtschafts-Archiv (HWWA), Hamburg 1998, S. 35 ff.

159 vgl. W. NISKANEN, Ein ökonomisches Modell der Bürokratie, in W. Pommerehne/ B. Frey (Hrsg.), ökonomische Theorie der Politik, Berlin, Heidelberg, New York 1979, S. 357 ff., in S. VON GREINER, Joint Implementation in der Klimapolitik aus Sicht der Public-Choice-Theorie, in HWWA-Report Nr. 159, Hamburgisches Welt-Wirtschafts-Archiv (HWWA), Hamburg 1996, S. 32 f.

160 vgl. C. QUENNET-THIELEN, Stand der internationalen Klimaverhandlungen nach dem Klimagipfel in Berlin, in: H.-G. Brauch (Hrsg.), Klimapolitik, Berlin, Heidelberg, New York 1996, S. 75

Die Konfliktlinien im Prozess der Klimaverhandlungen vor der Klimarahmenkonvention auf dem Erdgipfel 1992 in Rio bis hin zu den Verhandlungen in Bonn 2008 waren durch Kernthemen geprägt, die im hier aus der
Literatur zur internationalen Klimapolitik zusammengefasst dargestellt
werden.[161]

Die Positionen um die Anrechenbarkeit der Flexiblen Mechanismen Clean
Developement, Joint Implementation und des Handels mit Emissionsrechten auf die jeweiligen nationalen Ziele waren gerade zwischen der EU
und den USA als Führungskraft der JUSCANNZ und UMRELLA-Group ge-
gensätzlich.

Gleiches gilt für die Einbeziehung von Senken und mit der in diesem Zusammenhang stehenden Frage der Betrachtung von Brutto- oder Nettoemissionen (Emissionsquellen minus Senken). Die Verbindlichkeit der
eingegangenen Reduktionsziele stellt im Zusammenhang mit Kontroll-
und Strafmechanismen eine weitere Kern-Konfliktlinie dar. In der Frage
der historischen Verantwortung für den Klimawandel kristallisierten sich
ebenfalls unterschiedliche Positionen heraus, wie auch in der Frage nach
zusätzlichen Technologie- und Finanztransfers in die Entwicklungsländer
und der Einbeziehung dieser Länder in Reduktionsverpflichtungen.

In diesem klimapolitischen Verhandlungsprozess zeichnete sich ein grobe
Unterteilung in drei Gruppen ab: Die Progressiven, die Bremser und die
Unentschlossenen. Die eher progressiven Länder setzen sich zusammen
aus den Staaten der Europäischen Gemeinschaft (später Europäische U-
nion), während die USA die Gruppe der Bremser mit den JUSSCANZ-
Staaten (unter anderem Japan, Australien) und Russland (auch ehemalige
UdSSR) anführen. Den Unentschiedenen sind die Entwicklungsländer zu-
zuordnen. Hier tat sich die Gemeinschaft G77 mit China als Block hervor.
[162] Jedoch gibt es innerhalb der Entwicklungsländer eine progressive und
eine bremsende Linie. Die AOSIS-Staaten sind bezüglich des Klimaschutzes progressiv eingestellt, während die auch in der OPEC organisierten
Entwicklungsländer eine bremsende Haltung zu Klimaschutzmaßnahmen
vertreten. Die Schwellenländer fürchteten um ihre wirtschaftliche Ent-

---

161 vgl. hierzu beispielsweise MISSBACH A., Das Klima zwischen Nord und Süd – Eine
   regulationstheoretische Untersuchung des Nord-Süd-Konflikts in der Klimapolitik
   der Vereinten Nationen, Münster 1999 oder H.-G. Brauch (Hrsg.), Klimapolitik,
   Berlin, Heidelberg, New York 1996
162 vgl. H. OTT, Das internationale Regime zum Schutz des Klimas, in: T. Gehring, S.
   Oberthür (Hrsg.), Internationale Umweltverträge – Umweltschutz durch Verhandlungen und Verträge, Opladen 1997, S. 205

wicklung durch eine negative Beeinflussung durch eine internationale Klimapolitik.

Die Nicht-Regierungs-Organisationen lassen sich ebenfalls in Verbände und Institutionen mit progressiven und bremsenden Haltungen zur internationalen Klimapolitik sortieren. Ihre Interessen tragen ihren Teil zur Erklärung der internationalen Klimapolitik bei.

4.2.1 Die Europäische Gemeinschaft

Die Klimapolitik wurde in den letzten Jahren vor allem von der Europäischen Union vorangebracht. Sie tritt als ein relativ homogener Verhandlungspartner auf, da die Mitgliedsstaaten und die Kommission zunehmend auf eigene Aktivitäten außerhalb des EU-Rats verzichten und somit geschlossen auftreten.

In den Verhandlungen vor und zur Klimarahmenkonvention, die 1992 in Rio de Janeiro stattfand, brachte die damalige Europäische Gemeinschaft noch keine gemeinsame Position in die Verhandlungen ein.[163]

Deutschland schloss sich dem von den Entwicklungsländern eingebrachten Verursacherprinzip an und identifizierte den industriellen Norden der Erde als Hauptverursacher der Treibhausgasemissionen. Die wirtschaftliche Entwicklung des Südens wurde als notwendig betrachtet. Allerdings sollten diese Länder eine möglichst effiziente Energienutzung anstreben und ihre Entwaldungsraten reduzieren. Ein Finanz- und Technologietransfer ist für die Entwicklung der südlichen Länder aus deutscher Sicht von besonderer Bedeutung. Für die Finanzhilfen sollen neue und zusätzliche Mittel seitens des Nordens bereitgestellt werden.[164]

---

163 vgl. A. MISSBACH, Das Klima zwischen Nord und Süd – Eine regulationstheoretische Untersuchung des Nord-Süd-Konflikts in der Klimapolitik der Vereinten Nationen, Münster 1999, S. 146
164 vgl. ebenda, S. 151

Frankreich[165] schloss sich in Bezug auf einen Nord-Südausgleich der deutschen Position der Hauptverantwortung des Nordens für die Treibhausgasemissionen an. Die Problematik des Finanz- und Technologie-Transfers wurde allerdings nicht thematisiert.[166] Frankreich sprach der Reduktion von CO_2-Emissionen ebenfalls Priorität gegenüber den anderen Treibhausgasen zu. Allerdings sollten diese auf einheitliche Pro-Kopf-Emissionen beschränkt werden.

Bezüglich der Transferleistungen an die Entwicklungsländer wurde dann 2005 auf Betreiben der EU in Montreal eine institutionelle Stärkung des Clean Developememt Mechanism und eine bessere finanzielle Ausstattung des CDM-Exekutivrats erreicht. Dieser ist für die Anerkennung von Klimaschutzprojekten in Entwicklungsländern als Grundlage der Anrechnung im Rahmen des Emissionshandels zuständig.[167]

Vor der dritten Vertragstaatenkonferenz 1997 in Kyoto nahm die EU eine einheitliche Position ein. Die zur damaligen Zeit 15 in der Europäischen Union vereinten Staaten strebten 1995 auf der zweiten Vertragsstaaten-

---

165 Großbritannien als dritter der drei bedeutenden Mächte in der EG positionierte sich an der Seite der Bremserstaaten mit den USA. Großbritannien war zur Zeit der Verhandlungen zur Klimarahmenkonvention in Rio 1992 der dritte der drei bedeutenden Europäischen Akteure. Großbritannien forderte zu den Rio-Verhandlungen in Anlehnung an die USA einen „comprehensive approach", also das Zusammenfassen aller Treibhausgase in die Reduktionsabsichten. Diese Forderung wurde bei den Verhandlungen der dritten Vertragsstaatenkonferenz erneuert. Auch forderte Großbritannien unisono mit den USA die Berücksichtigung von Nettoemissionen. Die Aufnahme von Emissionen durch Senken soll demnach mit den Quellen saldiert werden. Großbritannien setzte sich lediglich für ein Stabilisierungsziel ohne Zeitrahmen ein. Die USA und Großbritannien forderten von allen Ländern, auch den Entwicklungsländern Anstrengungen zur Bekämpfung des Klimawandels ein, und sahen so alle Länder in der Verantwortung. Die Rolle Großbritanniens ging nach Rio in einer gemeinsamen Position der progressiven EU auf. Vgl. A. MISSBACH, Das Klima zwischen Nord und Süd – Eine regulationstheoretische Untersuchung des Nord-Süd-Konflikts in der Klimapolitik der Vereinten Nationen, Münster 1999, 146 ff..
166 vgl. A. MISSBACH, Das Klima zwischen Nord und Süd – Eine regulationstheoretische Untersuchung des Nord-Süd-Konflikts in der Klimapolitik der Vereinten Nationen, Münster 1999, S. 151
167 vgl. BMU, Klimaschutz und Energie – Klimakonferenz von Montreal, o. Verf., Berlin 2006, S. 26,
http://www.bmu.de/files/pdfs/allgemein/application/pdf/umwelt24_27_01_2006.pdf, 13.08.2008

konferenz in Berlin klare Reduktionsziele mit exakten Zeitvorgaben an.[168] Im Jahr 1997 brachten die EU-Umweltminister im Vorfeld der Kyoto-Verhandlungen einen gemeinsamen Reduktionsvorschlag zustande: Bis 2010 sollte 15 Prozent Reduktion gegenüber dem Niveau von 1990 von den Annex-I-Ländern erreicht werden. Dieser Vorschlag wurde im Juni 1997 noch um ein Nahziel 2005 ergänzt: Dann sollten 7,5 Prozent Reduktion erreicht sein. Dieses Ziel galt für die EU als ganzes und sollte mit einem gemeinsamen Emissions-Ziel erreicht werden. Innerhalb dieser Gemeinschaftslösung stand eine Bandbreite von minus 30 Prozent bis plus 40 Prozent Emissionen gegenüber dem Jahr 1990. Damit hatte die EU ihre Führungsrolle in der internationalen Klimapolitik konkretisiert.[169] Diese Position zu einem kollektiven Reduktionsziel war bei den Verhandlungen in Kyoto noch eine andere. Dort lehnte die EU ein einheitliches Reduktionsziel noch ab, konnten sich mit ihrer Haltung aber nicht durchsetzen. [170]

Vor der Klimakonferenz auf Bali im Jahr 2007 hatten die Staats- und Regierungschefs der EU eine Klima- und Energiepolitik beschlossen, mit der sie ihre Bereitschaft untermauerten, bis zum Jahr 2020 ihre Emissionen gegenüber dem Basisjahr 1990 um 30 Prozent zu verringern, allerdings unter der Voraussetzung, dass andere Industriestaaten sich zu ähnlich ambitionierten Reduktionen verpflichten würden und die Entwicklungsländer nun mit einbezogen werden würden. Unabhängig von künftigen Vereinbarungen werde die EU aber ihre Emissionen um mindestens 20 Prozent reduzieren.[171]

Das Kyoto-Protokoll hat die Klimarahmenkonvention von 1992 wesentlich fortentwickelt, in dem es erstmals die vor allem von europäischer Seite geforderten Reduktionsverpflichtungen für die Industrieländer festlegt. [172] Jedoch wurden die Bereiche der flexiblen Instrumente (Emissionshandel, Joint Implementation und Clean Devlopement) sowie die Einbezie-

168 vgl. C. QUENNET-THIELEN, Stand der internationalen Klimaverhandlungen nach dem Klimagipfel in Berlin, in: H.-G. Brauch (Hrsg.), Klimapolitik, Berlin, Heidelberg, New York 1996, S. 81
169 vgl. A. MISSBACH, Das Klima zwischen Nord und Süd – Eine regulationstheoretische Untersuchung des Nord-Süd-Konflikts in der Klimapolitik der Vereinten Nationen, Münster 1999 212 f.
170 vgl.ebenda, S. 239
171 vgl. BMU-Pressedienst Nr. 127/07, BMU, o. Verf., Berlin 2007
172 vgl. BMU, Hintergrundinformation zur 4. Klimakonferenz in Buenos Aires , o. Verf., Bonn 29.10.1998, http://www.bmu.de/pressearchiv/14_legislaturperiode/pm/79.php, 14.09.2008

hung der Senken nicht abschließend geregelt und blieben so weiter Verhandlungsgegenstand für die weiteren Konferenzen.[173]

Die EU forderte für Joint Implementation und den Clean-Developement-Mechanism anspruchsvolle Regelungen, die insbesondere sicherstellen sollten, dass die Reduktionspflichten hauptsächlich im eigenen Land erfüllt werden. Mögliche Schlupflöcher sollten, so die wiederholte Forderung der EU, geschlossen werden. Die Forderung nach der Einschränkung des Handels mit Hot Air sollte ebenso dem Schließen von Schlupflöchern dienen. Die gemeinsame Position der EU hierzu war die Ausformulierung einer qualitativ und quantitativ bestimmten Obergrenze.[174] In der Frage des von der EU kritisch betrachteten Emissionshandels lehnte sie das von den USA eingeforderte System des „Borrowing"[175] ab. Gegenüber dem Emissionshandel vertrat die EU die Position, dass dieser als Alternative – nicht als Ersatz – für aktive Reduktionsanstrengungen im nationalen Rahmen für die Zeit nach der Jahrtausendwende geprüft werden sollte.

Ein weiterer diskutierter flexibler Mechanismus war der des Joint Implementiation. Die EU wollte Joint Implementation-Projekte nur mit Ländern zulassen, die verbindliche Reduktionsziele haben. Also Staaten des Annex-I oder Staaten, die freiwillig Reduktionsziele annehmen. Auf lange Sicht befürwortet die EU hier eine Ausdehnung der Reduktionsziele auf die Entwicklungsländer.[176]

In der Senkenfrage war man mit den USA weiter uneins. Die EU versuchte, die Bedeutung von Senken zu reduzieren, in dem sie nur einem bestimmten Prozentsatz zustimmen wollte, der zur Erfüllung der Reduktionsziele durch die Anrechnung von Senken erfüllt werden sollte.[177] Einen Kompromiss brachte die Honorierung zusätzlich entstandener Senken nach 1990 bzw. 1995. In der Senkenproblematik und in der Möglichkeit für die USA, überschüssige russische Emissionsrechte zu kaufen, erkannte die EU, dass mit solchen „Schlupflöchern" die ökologische Integrität des

---

173 vgl. BMU, Hintergrundinformation zur 4. Klimakonferenz in Buenos Aires, o.
    Verf., Bonn 29.10.1998,
    http://www.bmu.de/pressearchiv/14_legislaturperiode/pm/79.php, 14.09.2008
174 vgl. ebenda
175 „Borrowing": Emissionsrechte können von bestimmten Zeitperioden „geborgt"
    werden und später in diesen Perioden zusätzlich reduziert werden
176 vgl. A. MISSBACH, Das Klima zwischen Nord und Süd – Eine regulationstheoretische Untersuchung des Nord-Süd-Konflikts in der Klimapolitik der Vereinten Nationen, Münster 1999, S. 218
177 vgl. ebenda, S. 227

Kyoto-Protokolls nicht mehr gewährleistet wurde [178] und bezog eine eher ablehnende Position in diesen Fragen, in dem sie eine Limitierung der Zukäufe von Emissionsrechten forderte. Erst 2001, nach dem Ausstieg der USA aus dem Kyoto-Prozess, wich die EU von ihrer Haltung hierzu ab. Die Bedeutung Kanadas, Japans und Russlands für den Fortbestand des Kyoto-Protokolls wuchs mit dem Ausstieg der USA.[179] Die Verhandlungsparteien einigten sich als Zugeständnis an diese Staaten, dass die Anrechenbarkeit flexibler Instrumente nicht begrenzt werden soll. Im Text des Kyoto-Protokolls wird nur die Zusätzlichkeit der flexiblem Maßnahmen betont und hervorgehoben, dass ein signifikanter Anteil der Klimaschutzmaßnahmen im jeweils eigenen Land erbracht werden soll.[180]

4.2.2   Die USA und die JUSSCANZ- und UMBRELLA-Staaten

Die USA taten sich schon im November 1989 bei einem Ministertreffen in Noordwijk mit ihrer Verhinderung klarer Zielvorgaben bezüglich eines Stabilisierungsziels zusammen mit der Sowjetunion, Großbritannien und Japan als Bremser im internationalen Klimaprozess hervor. [181] Im Vorfeld der Verhandlungen zur Klimarahmenkonvention 1992 in Rio de Janeiro schlossen die USA ein spezifisches Emissionsziel und Emissionsreduktionen aus.[182]

1991 in Genf forderten die Vereinigten Staaten mit ihrem „coprehensive approach" eine Einbeziehung aller Treibhausgase, einschließlich der Fluorkohlenwasserstoffe, in mögliche Reduktionsvorgaben. [183] Die amerikanische Haltung zu lediglich unverbindlichen Reduktionszielen wurde vom

---

178 vgl. BMU, http://www.bmu.de/klimaschutz/internationale_klimapolitik, 20.04.2008

179 Die Bedingung für das Inkrafttreten des Kyoto-Protokolls, mindestens 55% der Treibhausgasemissionen der Industrieländer zu repräsentieren, wäre so mit 57% knapp erfüllt. Vgl. S. GREINER, A. MICHAELOWA, Bushs Absage an das Kioto-Protokoll – wird die EU Lokomotive der globalen Klimapolitik?, in: HWWA-Forum, Wirtschaftsdienst 2001/IV, Hamburgisches Welt-Wirtschafts-Archiv (HWWA), Hamburg 2001, S. 237

180 vgl. BMU Modifikationen des Kyoto-Protokolls, S.1, http://www.bundesregierung.de/dokumente/artikel/ix_49912.htm, 12.11.2001, zitiert in: C. ADAM, Der Kyoto-Prozess - Akteure und Kernthemen, Hamburg 2001, S. 10

181 vgl. A. MISSBACH, Das Klima zwischen Nord und Süd – Eine regulationstheoretische Untersuchung des Nord-Süd-Konflikts in der Klimapolitik der Vereinten Nationen, Münster 1999, S. 137

182 vgl. ebenda, S. 146

183 vgl. M. STEFFAN, Die Bemühungen um eine internationale Klimakonvention: Verhandlungen, Interessen, Akteure. Münster und Hamburg: 1994, S. 96ff.

amerikanischen Präsidenten George Bush sen. mit dem Argument der wissenschaftlichen Unsicherheit über die Auswirkungen der Gase auf den Klimawandel untermauert.[184]

In der Frage der von den Entwicklungsländern geforderten Technologie- und Finanztransfers waren die USA bereit, Technologie und Know-How für wissenschaftliche Forschung zuzugestehen. Zur Finanzhilfe für die Erfüllung der von den USA für die Entwicklungsländer geforderten Klimaschutzanstrengungen sollte „ermutigt werden".[185] Die USA festigten bis zu den Kyoto-Verhandlungen ihre Positionierung in der Frage der Verbindlichkeit von Reduktionsverpflichtungen. Sie lehnten bindende Maßnahmen ab. Dieser Position schlossen sich die Staaten der JUSCANZ-Gruppe an.[186]

Noch in Berlin 1995 verharrten die USA in dieser Haltung zur Verbindlichkeit von spezifischen Reduktionszielen,[187] um dann 1996 einen Wandel in dieser Haltung zu vollziehen. In Genf vertraten die USA eine Position, die sich von ihrer bisherigen Linie abhob.[188] In den diesjährigen Klimaverhandlungen stimmten die USA erstmals zu, dass verbindliche Ziele zur Reduzierung der Treibhausgase notwendig seien.[189] Sie verteidigten die Relevanz der wissenschaftlichen Grundlagen und setzten gegen den Willen der Ölstaaten und Russlands die Annahme einer Ministerdeklaration durch, in der klar rechtlich bindende Reduktionen gefordert werden.[190] In diesem Zusammenhang forderte US-Präsident Clinton die Einbeziehung der Entwicklungsländer in Reduktionsverpflichtungen: „The United States

---

184 vgl. H. SCHMIDT, Konflikte in der internationalen Klimapolitik. „Klimaspiel" und die USA als Spielverderber?, in: H.-G. Brauch (Hrsg.), Klimapolitik, Berlin, Heidelberg, New York 1996, S. 136

185 vgl. A. MISSBACH, Das Klima zwischen Nord und Süd – Eine regulationstheoretische Untersuchung des Nord-Süd-Konflikts in der Klimapolitik der Vereinten Nationen, Münster 1999, S. 151

186 vgl. M. SEYBOLD, Internationale Umweltregime – Neue Formen der Konfliktbearbeitung in der internationalen Politik? Untersuchungen am Beispiel des Klimaschutzregimes, Dissertation Julius-Maximilians-Universität Würzburg 2003, S. 150

187 vgl. A. MISSBACH, Das Klima zwischen Nord und Süd – Eine regulationstheoretische Untersuchung des Nord-Süd-Konflikts in der Klimapolitik der Vereinten Nationen, Münster 1999, S. 182 f.

188 vgl. ebenda, S. 208

189 vgl. H. BREITMEIER, International Organizations and the Creation of Environmental Regimes, in: Young, Orwan R. (Hrsg.): Global Governance, Drawing Insights from the Environmental Experience, Cambridge 1997, S. 112

190 vgl. A. MISSBACH, Das Klima zwischen Nord und Süd – Eine regulationstheoretische Untersuchung des Nord-Süd-Konflikts in der Klimapolitik der Vereinten Nationen, Münster 1999, S. 208 f.

will not assume binding obligations unless key developing nations meaningfully participate in this effort."[191]

In der Forderung nach einem Beitrag aller Länder in Klimaschutzmaßnahmen blieben die USA in dieser Position beständig. Sie lehnten ein mögliches Klimaschutzprotokoll mit dem Bestehen auf einer „broader leadership" ab. Dahinter steckt die Position der USA und der JUSSCANZ-Staaten, die eine Mitwirkung der Entwicklungsländer an Klimaschutz-Anstrengungen für unerlässlich halten.[192] Nach Kyoto wurde die bisherige JUSSCANZ-Gruppe in der internationalen Klimapolitik in ihrer Position von der UMBRELLA-Gruppe[193] abgelöst. Diese umfasst Australien, Island, Japan, Kanada, Neuseeland, Norwegen, die Russische Föderation und die USA. Bis auf die EU gehören alle westlichen Emittenten der Industrieländer dieser Gruppe an.[194]

Diese Forderung der Einbeziehung aller Länder in Reduzierungsmaßnahmen ist bis heute fester Bestandteil amerikanischer internationaler Klimapolitik und versperrte mit ihr als Begründung in der „Byrd-Hagel Resolution" des U.S. Senats, die am 25. Juli 1997 mit 95 zu 0 Stimmen angenommen wurde, den Weg zu einer universellen Anwendung des Kyoto-Protokolls. Sie machte deutlich, dass der Senat keine Klimaschutzvereinbarung akzeptiert, die keine Emissionsbeschränkungen für Schwellenländer beinhaltet oder zu einer ernstzunehmenden Schädigung der amerikanischen Wirtschaft führen könnte.[195]

Die USA nahmen hiermit wieder eine bremsende Haltung in den Klimaschutzverhandlungen ein, die 2001 in dem Ausstieg der USA aus dem Kyoto-Protokoll gipfelte.[196]

---

191 vgl. ebenda, S. 212
192 vgl. M. SEYBOLD, Internationale Umweltregime – Neue Formen der Konfliktbearbeitung in der internationalen Politik? Untersuchungen am Beispiel des Klimaschutzregimes, Dissertation Julius-Maximilians-Universität Würzburg 2003, S. 151
193 UMBRELLA-Group: Eine lose Koalition von nicht EU-Staaten, teilweise deckungsgleich mit den JUSSCANNZ-Staaten plus Russland
194 vgl. S.OBERTHÜR, H.E. OTT, Das Kyoto Protokoll – Internationale Klimapolitik für das 21. Jahrhundert, Opladen 2001, S. 377
195 vgl. J. RICHERT, Klimaschutz durch Völkerrecht und/oder Technologieinitiativen? Klimapolitik im Spannungsfeld von Kyoto und APP, in weltpolitik.net, vom 18.9.2006, http://www.weltpolitik.net/Sachgebiete/Globale%20Zukunftsfragen/Umwelt/Kli maschutz/Grundlagen/Klimaschutz.html, Abfrage am 22.07.2008
196 vgl. ebenda

Stattdessen stellten die USA im Juli 2005 zusammen mit Australien, China, Indien, Japan, Südkorea überraschend die „Asiatisch-Pazifische Partnerschaft für saubere Entwicklung und Klima" (APP) vor. Ziel dieser Initiative ist der Ausbau von Kooperation, Investition, Forschung und Technologietransfer um den gesteigerten Energiebedürfnissen und den damit verknüpften Herausforderungen der Luftverschmutzung, der Energiesicherheit und der Treibhausgasintensitäten zu begegnen.[197]

Nachdem Japan und Australien bisher in und mit der UMBRELLA-Gruppe bremsende Positionen zu konkreten internationalen Klimaschutzbemühungen einnahmen, wandelten die beiden Staaten sich in ihrer Haltung zu den Klimaschutzverhandlungen entscheidend im Jahr 2007. Zum Treffen der G8 in Heiligendamm nannte Japan ein konkretes Reduzierungsziel. Bis 2050, so die Vision des liberaldemokratischen Ministerpräsidenten Shinzo Abe, sollten Treibhausgase weltweit um 50 Prozent reduziert werden. Auch die USA und China müssten dabei mitmachen. Ähnlich wie Washington setzt Tokio in seiner Klimapolitik auf technologischen Fortschritt und die Kernenergie.[198] Dennoch näherte sich die japanische Regierung Ende Januar 2008 auf einem Treffen der größten Emittentenstaaten der EU-Position an, indem Japan das EU-Reduktionsziel von 25 bis 40 Prozent für die Industrieländer unterstützte.[199]

Für Japan, ein aus weltpolitischer Perspektive noch kleines Land, stellen außenpolitische Beziehungen ein wichtigeres Politikfeld dar als für große weltpolitische Mächte, wie die USA und die EU. Daher tendiert Japan dazu, seine klimapolitische Strategie außenpolitisch in die kooperative Richtung zu entwickeln, wobei es das Kyoto-Protokoll ratifiziert und am Kyoto-Ziel festhält. Japan versucht allerdings, seine Kooperation in den Kyoto-Verhandlungen mit Gegenleistungen zu verbinden, um die Belastung für seine Wirtschaft zu minimieren. Daraus ergab sich, dass Japan durchsetzen konnte, dass z.B. die Sanktionsmechanismen im Fall der Nichteinhaltung der Reduktionsziele des Kyoto-Protokolls weniger verbindlich und weniger folgenreich sind als zuvor geplant, und aufgeforstete Waldflächen (in begrenztem Maße) als CO_2-Speicher anerkannt werden. Eine

---

197 vgl. J. RICHERT, Klimaschutz durch Völkerrecht und/oder Technologieinitiativen? Klimapolitik im Spannungsfeld von Kyoto und APP, in weltpolitik.net, vom 18.9.2006,
http://www.weltpolitik.net/Sachgebiete/Globale%20Zukunftsfragen/Umwelt/Kli maschutz/Grundlagen/Klimaschutz.html, Abfrage am 22.07.2008
198 vgl. PRO PHYSIK.DE, Unterschiedliche Klima-Positionen, 4.6.2007, o. Verf., http://www.pro-physik.de/Phy/leadArticle.do?laid=9270, 12.08.2008
199 vgl. C. BALS, Hintergrundpapier: Bali, Poznan, Kopenhagen- Dreisprung zu einer neuen Qualität der Klimapolitik, Germanwatch e.V. (Hrsg.), Bonn 2008, S. 37

strikte Konkretisierung des Protokolls hätte – entgegen den Forderungen Japans – dieses von einer Ratifizierung abhalten können. Auch handelspolitisch befürwortet Japan grundsätzlich eine internationale Kooperation, um Wettbewerbsnachteile seiner Wirtschaft durch den klimapolitischen Alleingang zu meiden.[200]

Zum Auftakt der Weltklimakonferenz 2007 in Bali hat Australiens neuer Ministerpräsident Kevin Rudd das Kyoto-Protokoll ratifiziert[201] und war nun außer den USA als letzter bedeutender Akteur in den Kyoto-Prozess eingebunden. Zuvor hatte Russland nach großen Zugeständnissen das Kyoto-Protokoll ratifiziert nach dem sich in den Klimaverhandlungen stets den Bremserstrategien der UMBRELLA-Gemeinschaft anschloss. Die Australische Verhandlungsposition war noch weit unnachgiebiger als die der US-Regierung. Die australische Regierung selbst stand vor dem Regierungswechsel 2007 in grundlegender Opposition gegenüber jeglicher klimaschutzpolitischer Regelung.[202]

4.2.3 Die Entwicklungsländer

Die Entwicklungsländer traten in den Klimaschutzverhandlungen zunächst als Gruppe G-77 plus China auf, wobei die Gruppe zur Zeit der Verhandlungen deutlich mehr als 77 Länder umfasste.[203] Der Gruppe der Entwicklungsländer gehören all diejenigen Länder an, die ausdrücklich nicht im Annex-I der Klimarahmenkonvention aufgeführt sind. Sie stellen zahlenmäßig die größte Gruppe der klimapolitischen Akteure dar. Aufgrund ihrer teils geringen geographischen Größe oder auch ihres geringen politischen Gewichtes haben sich im Verlauf der Klimaverhandlungen drei wesentliche Koalitionen innerhalb der Gruppe der Entwicklungsländer gebildet. Dies betrifft zum ersten die G-77-Gruppe plus China, zum zweiten die OPEC und zum dritten die AOSIS, bestehend aus 36 kleinen

---

200 vgl. S. SHIN, Kyoto-Protokoll, internationaler Handel und WTO-Handelssystem - Neue Politische Ökonomie der Interaktionen zwischen Klima- und Handelspolitik, Dissertation, Universität Hamburg 2004, S. 150 f.

201 vgl. FOCUS ONLINE, Australien ratifiziert Kyoto-Protokoll, o. Verf., 13.12.2007, München 2007, http://www.focus.de/wissen/wissenschaft/klima/klimaschutz_aid_228135.html, 28.08.2008

202 vgl. C. HAMILTON, Climate Change Policies in Australia. A Briefing to a Meeting of the Ad Hoc Group on the Berlin Mandate (Bonn (Germany), Lyneham 1997, zitiert in: P. LAURENCY, Die internationalen Klimaverhandlungen - dynamisch oder erfolgreich scheiternd?, Konstanz 2000, S. 66

203 vgl. G. FRICKE, Von Rio nach Kyoto – Verhandlungssache Weltklima: Global Governance, Lokale Agenda 21, Umweltpolitik und Macht, Berlin 2001, S. 57

Inselstaaten. Die G-77 und China stellen eine Gruppe dar, die ein heterogenes Spektrum an Interessen vereint, denen aber insbesondere der Wunsch nach umfangreichen Finanz- und Technologietransfers aus den entwickelten Ländern gemein ist. Die OPEC-Staaten lehnen CO_2-Reduktionen generell ab, da sie Exporteinbußen bei ihren kohlenstoffintensiven Erdölprodukten befürchten. Die AOSIS-Länder sind dagegen die stärksten Verfechter des Klimaschutzes, da sie durch das Ansteigen des Meeresspiegels als Folge der Erderwärmung in ihrer Existenz bedroht sind.[204]

Im Prozess der Klimaschutzverhandlungen einten zwei Forderungen die Entwicklungsländer: Der Hinweis auf die historische Verantwortung des Nordens durch seine Treibhausgasemissionen für den Klimawandel und die Forderung von Technologie- und Finanztransfers. Diese Position festigten die Entwicklungsländer schon in der Ministerdeklaration zur zweiten Weltklimakonferenz. Hierin sollen die Industrieländer ihren Beitrag zu den globalen Nettoemissionen reduzieren und die Zusammenarbeit mit den Entwicklungsländern stärken, um diesen zu erlauben, dem Klimawandel zu begegnen, ohne ihre Entwicklung zu behindern. Angemessene und zusätzliche Transfers sollten zur Verfügung gestellt werden und umweltfreundliche Technologien transferiert werden.[205]

Von dem Hinweis auf die historische Verantwortung des Nordens lässt sich eine weitere einigende Position der Entwicklungsländer ableiten. In den Verhandlungen um die Klimarahmenkonvention in Rio de Janeiro bestand die G-77 darauf, entgegen der Haltung der Industrieländer das Recht der Entwicklungsländer auf Entwicklung festschreiben zu lassen. [206] Ein rechtlich verbindliches Abkommen hierzu konnte vor allem gegen den Widerstand der USA nicht erreicht werden.[207]

---

204 vgl. M. MITTENDORF, Ökonomie der internationalen Klimapolitik – Die besondere Herausforderung durch den Clean Developement Mechanism, in: Schriften zur internationalen Wirtschaftspolitik, U. Mummert, F. L. SELL (beide Hrsg.), Münster 2004, S. 113
205 vgl. A. MISSBACH, Das Klima zwischen Nord und Süd – Eine regulationstheoretische Untersuchung des Nord-Süd-Konflikts in der Klimapolitik der Vereinten Nationen, Münster 1999, S. 141f.
206 vgl. G. WITSCH, Von Rio nach Kyoto – Die größten Umweltkonferenzen der Vereinten Nationen in den 90er Jahren, Münster 1999, S. 16
207 vgl. A. MISSBACH, Das Klima zwischen Nord und Süd – Eine regulationstheoretische Untersuchung des Nord-Süd-Konflikts in der Klimapolitik der Vereinten Nationen, Münster 1999, S. 163

Aus den oben angesprochenen Aspekten der historischen Verantwortung des Nordens und dem Recht auf Entwicklung ergibt sich die beständige gemeinsame Haltung der Entwicklungsländer, möglichst von allem verschont zu bleiben, was deren Entwicklungsprozess stören könnte.[208] Sie forderten, dass ausschließlich die „Verschwenderemissionen" der Industrieländer aufgrund derer Hauptverantwortung für den anthropogenen Treibhauseffekt in der Bestimmung von Reduzierungszielen behandelt werden sollten.[209] Die Beständigkeit dieser Haltung unterstreicht die in den Verhandlungen von Nairobi 2006 wiederholt geäußerte Furcht der Entwicklungsländer um ihre Wachstumschancen im Falle der Einbeziehung in Klimaschutzmaßnahmen.[210]

In der Streitfrage über die Verbindlichkeit und das Ausmaß von Zielen für die Reduktion von Treibhausgasen gibt es innerhalb der Entwicklungsländer keine einheitliche Linie. 1995 einigten sich auf der ersten Vertragsstaatenkonferenz in Berlin auf Initiative Indiens hin alle großen und schließlich 72 Entwicklungsländer auf ein so genanntes „green paper", das die Unangemessenheit der bestehenden Industrieländerverpflichtungen feststellt und Verhandlungen fordert, die vor allem rechtsverbindliche Reduktionsziele für die Industrieländer festlegen sollten. Hierbei dürften keinerlei neuen Verpflichtungen für die Entwicklungsländer vereinbart werden. In Rio hatten die AOSIS-Staaten zuvor schon von den Industrieländern eine klare Festlegung zur Reduzierung von CO_2-Emissionen gefordert.[211]

Mit der Vorlage dieses Papiers wurde die Einheit der „G-77 und China" gebrochen. Die OPEC-Staaten innerhalb dieser Gruppe wurden isoliert.[212] Diese lehnen einen solchen Klimaschutz grundsätzlich ab, der den Absatz ihrer kohlenstoffintensiven Erdölprodukte beeinträchtigen könnte. Die

---

208 vgl. ebenda, S. 153
209 vgl. M. SEYBOLD, Internationale Umweltregime – Neue Formen der Konfliktbearbeitung in der internationalen Politik? Untersuchungen am Beispiel des Klimaschutzregimes, Dissertation Julius-Maximilians-Universität Würzburg 2003, S. 126
210 vgl. BMU, Bali gibt Startschuss für Klimaverhandlungen, in BMU, Klimaschutz und Energie 2/2008, 2008 o. Verf.
http://www.bmu.de/files/pdfs/allgemein/application/pdf/umwelt_0802_klima_bali .pdf, 26.09.2008
211 vgl. D. KLEINER, Bildung internationaler Regime im Bereich „nachhaltige Entwicklung" – Die Rolle der Entwicklungsländer im Verhandlungs-und Implementierungsprozess der Agenda 21, Freiburg 2003, S. 44
212 vgl. C. QUENNET-THIELEN, Stand der internationalen Klimaverhandlungen nach dem Klimagipfel in Berlin, in: H.-G. Brauch (Hrsg.), Klimapolitik, Berlin, Heidelberg, New York 1996, S. 81

OPEC-Länder sehen sich hierbei auch in ihrer staatlichen Souveränität verletzt.[213]

Weitere Entwicklungsländer, darunter neben den OPEC-Staaten auch China, machten schon vor den Kyoto-Verhandlungen deutlich, dass mehr als ein Stabilisierungsziel mit ihnen nicht möglich sei. Diese Haltung war von der Angst gekennzeichnet, selbst Stabilisierungs- oder Reduktionsziele übernehmen zu müssen.[214]

Herrscht in der Frage der Ausgestaltung von Reduktionszielen Uneinigkeit zwischen den Entwicklungsländern, so einten sich diese, wie eingangs bereits angesprochen, in ihrer Position zu Technologie- und Finanztransfers.[215] Grundsätzlich bestehen die Entwicklungsländer auf einer Verknüpfung von Umwelt- und Entwicklungsfragen.

Die Mehrheit der G-77 akzeptierte in einem Vorschlag zu den Konventionsverhandlungen zwar Pflichten für Entwicklungsländer wie z.B. das Erstellen nationaler Emissionsinventare, Umweltbeobachtung oder eine Zusammenarbeit in Forschung und Entwicklung. Diese Zugeständnisse an die Industrieländer waren aber strikt an eine finanzielle und technologische Unterstützung seitens der Industrieländer gebunden. Die Forderung der G-77 nach noch stärker ausgestalteten Technologietransferbestimmungen wiederholte sich zu den Verhandlungen um das Kyoto-Protokoll.[216]

Die stete Forderung nach Finanz- und Technologietranfers setzt sich in den Konferenzen bis heute fort. Die Forderungen der Afrikanischen Länder gemeinsam mit den G-77 und China in Bali 2007 waren einmal mehr der Bezug von angemessenen und verlässlichen Finanzmitteln für Anpassungsmaßnahmen und mehr Technologietransfer zum selben Zweck.[217]

---

213 vgl. M. MITTENDORF, Ökonomie der internationalen Klimapolitik – Die besondere Herausforderung durch den Clean Developement Mechanism, in: Schriften zur internationalen Wirtschaftspolitik, in: U. Mummert, F. L. SELL (beide Hrsg.), Münster 2004, S. 118

214 vgl. M. SEYBOLD, Internationale Umweltregime – Neue Formen der Konfliktbearbeitung in der internationalen Politik? Untersuchungen am Beispiel des Klimaschutzregimes, Dissertation Julius-Maximilians-Universität Würzburg 2003, S. 156

215 vgl. A. MISSBACH, Das Klima zwischen Nord und Süd – Eine regulationstheoretische Untersuchung des Nord-Süd-Konflikts in der Klimapolitik der Vereinten Nationen, Münster 1999, S. 150

216 vgl. ebenda, S. 221

217 vgl. B. UNMÜSSIG, S. CRAMER, Afrika im Klimawandel, in: Focus Nr. 2/2008, German Institute for Global and Area Studies, Hamburg 2008, S. 6

Der Konfliktgegenstand des Finanz- und Technologietransfers berührt ein weiteres strittiges Feld im Rahmen der Klimaschutzverhandlungen. Den flexiblen Mechanismen des Kyoto-Protokolls stehen die Entwicklungsländer uneins gegenüber. Innerhalb der G-77-Gruppe kam es diesbezüglich zu Auseinandersetzungen.[218] Anfangs bildeten die Entwicklungsländer eine einheitliche Ablehnungsfront. Diese anfängliche Ablehnung wurde jedoch durch das Ausscheren einzelner Länder im Verlauf der Klimaschutzverhandlungen geschwächt. Einige Entwicklungsländer nahmen trotz eines formalen ablehnenden Bekenntnisses schon vor einem Beschluss zu einer Pilotphase für Joint Implementation-Projekte an solchen Projekten teil. Als Beispiel ist hier der zwischen Costa Rica und der USA abgeschlossenen Rahmenvertrag zur Umsetzung gemeinsamer Projekte zu nennen.[219] In dessen Folge wurden dann Joint Implementation-Projekte in weiteren Staaten Zentral- und Lateinamerikas mit den USA initiiert. Einige Ländervertreter konnten so ihre Opposition nicht mehr Aufrecht erhalten, was dann zum Zusammenbruch einer gemeinsamen Front führte,[220] die noch 1995 mühsam zusammengehalten werden konnte.[221]

Auch in der Frage des Clean-Developement-Mechanism fand im Laufe der Verhandlungsrunden ein Wandel in der Haltung der Entwicklungsländer statt. Die meisten Entwicklungsländer widersetzten sich zunächst

218 vgl. M. SEYBOLD, Internationale Umweltregime – Neue Formen der Konfliktbearbeitung in der internationalen Politik? Untersuchungen am Beispiel des Klimaschutzregimes, Dissertation Julius-Maximilians-Universität Würzburg 2003, S. 160

219 vgl. S. VON GREINER, Joint Implementation in der Klimapolitik aus Sicht der Public-Choice-Theorie, in HWWA-Report Nr. 159, Hamburgisches Welt-Wirtschafts-Archiv (HWWA), Hamburg 1996, S. 62

220 vgl. S. VON GREINER, Joint Implementation in der Klimapolitik aus Sicht der Public-Choice-Theorie, in HWWA-Report Nr. 159, Hamburgisches Welt-Wirtschafts-Archiv (HWWA), Hamburg 1996, S. 62. Trotz divergierender Positionen gelang es 1995 in Berlin noch, einen gemeinsamen Standpunkt bezüglich dem Mechanismus des Joint Implementation zu finden. Dieser signalisierte zwar eine ablehnende Haltung aber auch vorsichtige Akzeptanz.

220 Innerhalb der G77 setzte sich somit eine allgemein skeptische und kritische Haltung durch, und die Einführung von Joint Implementation wurde an bestimmte Bedingungen geknüpft. So forderten die G77 von den Industrieländern strenge Reduktionsziele und die Finanzierung dieser Projekte außerhalb des bisherigen Finanztransfers; vgl. A. MISSBACH, Das Klima zwischen Nord und Süd – Eine regulationstheoretische Untersuchung des Nord-Süd-Konflikts in der Klimapolitik der Vereinten Nationen, Münster 1999, S. 167

221 vgl. F. BIERMANN, Stand und Fortentwicklung der internationalen Klimapolitik, in R. KREIBICH / U. E. SIMONIS: Global Change – Globaler Wandel. Ursachenkomplexe und Lösungsansätze, Berlin 2000, S. 9

diesem Instrument. Durch die gemeinsame Umsetzung von Klimaschutzmaßnahmen – Industrieländer auf der einen, Entwicklungsländer auf der anderen Seite – werden die Entwicklungsländer in den Klimaschutzprozess in einem ersten Schritt integriert. Anfangs bestimmte die Befürchtung, dass dieser Einbeziehung in den globalen Klimaschutz weitere Schritte folgen und die Entwicklungsländer früher oder später mit Emissionsreduktionen in die Pflicht genommen werden, die ablehnende Position gegenüber dem Clean Developement Mechanism. Weiteren Einfluss auf diese Position fand die Einschätzung der Entwicklungsländer, dass eine Zentralisierung des Klimaschutzes auf den Süden stattfinden würde. Begriffe wie „moderner Ablasshandel" waren in dieser Diskussion zu finden.[222]

Nach 1995 rückten manche Entwicklungsländer von dieser Haltung ab. Die Aussicht auf günstige Transfers von effizienter Technologie verdrängte in diesen Ländern die Sorge vom eben angesprochenen „Ablasshandel". Eben aus dieser Sichtweise heraus zählten 1997 gerade große Entwicklungsländer wie Brasilien zu den Propagandisten des Clean Developement Mechanism. Auch kleinere und ärmere Entwicklungsländer, allen voran die AOSIS-Staaten, schlossen sich dieser Haltung an. Ihnen wurden Vorteile durch den CDM zugesichert. So vergrößerte sich diese Koalition und führte zu einer grundsätzlich positiven Stimmung der Entwicklungsländer dem CDM gegenüber.[223]

Da die Entwicklungsländer die Rolle der Gastländer in Clean Developement-Maßnahmen übernehmen, eint sie trotz der oben beschriebenen positiven Bewertung dieser flexiblen Mechanismen eine Befürchtung. Entwicklungsländer erachten Entwicklungshilfe von ausländischen Regierungen als entscheidenden Beitrag für ihre zukünftige wirtschaftliche Entwicklung. Großer Widerstand gegen Clean Developement-Maßnahmen entsteht durch die Sorge, dass Entwicklungshilfeprojekte in CDM-Projekte umdeklariert werden, und dass private CDM-Projekte als Entwicklungshilfeersatz betrachtet werden, wenn die Projekte entwicklungspolitische Vorteile mit sich bringen, und so keine zusätzlichen Transfers in die Entwicklungsländer fließen.[224]

---

222 vgl. F. BIERMANN, Stand und Fortentwicklung der internationalen Klimapolitik, in R. KREIBICH / U. E. SIMONIS: Global Change – Globaler Wandel. Ursachenkomplexe und Lösungsansätze, Berlin 2000, S. 11

223 vgl. ebenda, S. 11

224 vgl L. RUSSELL et al, Understanding Concerns about Joint Implementation, Knoxville 1997, S. 39

Gegenüber dem Emissionshandel bestand schon bei den Verhandlungen zum Kyoto-Protokoll eine überwiegend ablehnende Einigkeit unter den Entwicklungsländern. Indien, China und die Mehrheit der G-77-Staaten hatten die Möglichkeit des Emissionshandels prinzipiell abgelehnt. In den skeptischen Ländern wurde die Gefahr gesehen, dass sich große Emittenten auch unterstützt durch das Phänomen der „hot air"[225] von ihren Reduktionspflichten freikaufen könnten.

In der Senken-Problematik gibt es unter den Entwicklungsländern unterschiedliche Positionen. Von vielen Vertretern der Entwicklungsländer werden Aufforstungsprojekte im Zuge von Clean Developement Maßnahmen als neokolonialistisch abgelehnt, da sie zu Konflikten über die Bodennutzung führen.[226] Die Möglichkeit der Senkenanrechnung brachte ein großes Interesse der Industriestaaten an Aufforstungsprojekten in Tropenländern hervor. Diese Waldländer befürchteten dahingehend ein Diktat des Nordens und eine Einschränkung ihrer Souveränität.[227]

Die AOSIS-Staaten waren der Position der EU nahe, die eine Anrechnung von Senken in Nettoemissionen anfangs ablehnte. Gerade die Südamerikanischen Entwicklungsländer nahmen hier eine konträre Position zur EU ein. Seybold (2003) vermutet hinter der Verhandlungsposition der Südamerikanischen Staaten die USA, die seit Kyoto versuchte, auf bilateralem Wege hinter den Kulissen Einfluss auf die Entwicklungsländer zu nehmen.[228] In der Frage der Deckelung einer Anrechnung von Senken befürworteten die G-77-Staaten eine Einführung von so genannten „caps" grundsätzlich.[229]

4.2.4 Nicht-Regierungs-Organisationen

Neben den Vertretungen der Staaten agieren im Klimaschutzprozess auch Nicht-Regierungs-Organisationen (NGO). Diese nehmen durch Information und Beratung der Staatsvertreter Einfluss auf die Positionen

---

225 vgl. A. MISSBACH, Das Klima zwischen Nord und Süd – Eine regulationstheoretische Untersuchung des Nord-Süd-Konflikts in der Klimapolitik der Vereinten Nationen, Münster 1999, S, 239

226 vgl. G. FRICKE, Von Rio nach Kyoto – Verhandlungssache Weltklima: Global Governance, Lokale Agenda 21, Umweltpolitik und Macht, Berlin 2001, S. 140

227 vgl. A. MISSBACH, Das Klima zwischen Nord und Süd – Eine regulationstheoretische Untersuchung des Nord-Süd-Konflikts in der Klimapolitik der Vereinten Nationen, Münster 1999, S. 154

228 vgl. M. SEYBOLD, Internationale Umweltregime – Neue Formen der Konfliktbearbeitung in der internationalen Politik? Untersuchungen am Beispiel des Klimaschutzregimes, Dissertation Julius-Maximilians-Universität Würzburg 2003, S. 241

229 vgl. ebenda, S. 242

der verschiedenen Akteure.[230] Hierbei kann man die NGO's in zwei Lager aufteilen: Umweltschutzverbände und Industrieverbände,[231] wobei in klimapolitischen Entscheidungsprozessen die Umweltschutzorganisationen gemeinsam mit Verbänden der Klimaschutzindustrie den Verbänden und Organisationen der emittierenden Industrie gegenüberstehen.[232]

4.2.4.1 Umweltorganisationen und Wissenschaft

Aus der traditionellen Public-Choice-Theorie lässt sich die Existenz von Umweltverbänden nicht erklären, da sie ein rein öffentliches Gut anbieten. Das Engagement von Umweltorganisationen ist mit deren Einbettung in soziale Netzwerke zu begründen. Das Engagement stiftet Nutzen, indem es zu Anerkennung im Netzwerk führt.[233] In einer Gesellschaft, in der Hierarchien und familiäre Strukturen aufbrechen, nimmt die Bedeutung derartiger Netzwerke zu. Darüber hinaus dient das (vor allem finanzielle) Engagement für einen Umweltverband der Beruhigung des Gewissens, wenn man sich nicht weiter umweltgerecht verhält. Weiter kann ein Umweltverband einige wenn auch eher geringe selektive Anreize wie den Zugang zu politischen Ämtern und spezielle Information setzen.

Es gibt kaum Umweltorganisationen, die speziell für klimapolitische Fragestellungen gegründet wurden. In der Regel ist Klimapolitik eines von vielen Themen. Dies ist rational, um das Spendenaufkommen zu maximieren, da sich jeder Spender mit einem Thema identifizieren können soll.

Umweltorganisationen befürworten Maßnahmen, die die Emittenten spürbar treffen sollen und sichtbar sowie leicht vermittelbar sind. Aufgrund der höheren Kosten, um ihre Mitglieder und Sympathisanten über Effizienzaspekte zu informieren, spielt Effizienz eine geringe Rolle. So lässt sich die Ablehnung von Joint Implementation und handelbarer Emissionsrechte seitens der europäischen Nicht-Regierungs-Organisationen erklären. Jedoch setzen sich die Umweltverbände in einem Umfeld, in

---

230 vgl. S.OBERTHÜR, H.E. OTT, Das Kyoto Protokoll – Internationale Klimapolitik für das 21. Jahrhundert, Opladen 2001, S. 58
231 vgl. ebenda, S. 59 f.
232 vgl. S. SHIN, Kyoto-Protokoll, internationaler Handel und WTO-Handelssystem - Neue Politische Ökonomie der Interaktionen zwischen Klima- und Handelspolitik, Dissertation, Universität Hamburg 2004, S. 69
233 vgl. K.-D. OPP, Soft incentives and collective action: Participation in the antinuclear movement, in: British Journal of Political Science, 16, o.O. 1986, S. 87-112, zitiert in A. MICHAELOWA, Übertragung des Demokratiemodells der Neuen Politischen Ökonomie auf die Klimapolitk, in HWWA-Diskussionspapier Nr. 53, HWWA- Institut für Wirtschaftsforschung, Hamburg 1998, S. 23

dem den Spendern solche Instrumente bekannt sind und die politische Diskussion die Effizienzaspekte betont, auch dafür ein. Dies ist in den USA der Fall, wo die größten und finanzstärksten Umweltorganisationen sowohl den Handel mit Emissionsrechten als auch Joint Implementation befürworten.

Umweltorganisationen spielten besonders in der Anfangsphase der Klimapolitik eine bedeutende Rolle. Sie förderten die Verbreitung wissenschaftlicher Erkenntnisse bezüglich der Klimaveränderung in der breiten Öffentlichkeit. Ihr Engagement führte bei den ersten internationalen Konferenzen über klimapolitische Fragen zur Verabschiedung weitreichender Forderungen, da sich die Emittenteninteressen zu diesem Zeitpunkt noch nicht in die klimapolitische Diskussion eingeschaltet hatten.[234]

Ebenso wie die Umweltverbände hat auch die Wissenschaft ein Interesse an einer aktiven Klimapolitik. Denn alleine dadurch wird ihr der Zugang zu Forschungsmitteln für klimabezogene Themenfelder erleichtert. Die Verbindungen mit der Wissenschaft spielen für Umweltorganisationen eine große Rolle. Zunehmend organisierten Umweltverbände Resolutionen, die von Wissenschaftlern unterzeichnet werden sollten. 1996 unterzeichneten mehr als 2000 Ökonomen und 1997 über 2000 Naturwissenschaftler Resolutionen, die sich für eine aktive Klimapolitik aussprechen.[235] Darüber hinaus versuchen Umweltorganisationen über die Beeinflussung von Fondsmanagern die Finanzierung von Emittenten-Lobbies zu reduzieren. In den USA führte der so erzeugte Druck zum Austritt einiger Unternehmen aus der Lobbyorganisation Global Climate Coalition.[236]

In machen Ländern könnte man den Wissenschaftlern den Status einer eignen Interessengruppe zubilligen. Am ehesten träfe dies für die USA zu, wo die Wissenschaftler in engem Kontakt mit Politikern und Medien stehen. [237] Es gibt allerdings stets zwei Lager innerhalb der Wissenschaft. Ei-

---

234 A. MICHAELOWA, Übertragung des Demokratiemodells der Neuen Politischen Ökonomie auf die Klimapolitk, in HWWA-Diskussionspapier Nr. 53, Hamburgisches Welt-Wirtschafts-Archiv (HWWA), Hamburg 1998, S. 24

235 vgl. M. TOMAN et al, A summary of US positions on climate change policy, Washington 1997, S. 12, zitiert in: A. MICHAELOWA, Übertragung des Demokratiemodells der Neuen Politischen Ökonomie auf die Klimapolitk, in HWWA-Diskussionspapier Nr. 53, HWWA- Institut für Wirtschaftsforschung, Hamburg 1998, S. 24

236 vgl. A. MICHAELOWA, Übertragung des Demokratiemodells der Neuen Politischen Ökonomie auf die Klimapolitk, in HWWA-Diskussionspapier Nr. 53, Hamburgisches Welt-Wirtschafts-Archiv (HWWA), Hamburg 1998, S. 22 ff.

237 D. BRAY und H. VON STORCH, The climate change issue - perspectives and interpretations, in: Proceedings of 14th

nes, das sich für eine aktive Klimapolitik ausspricht und eines, das indifferent oder ablehnend ist. In Deutschland schätzen die in einer Studie aus dem Jahr 1996 befragten Wissenschaftler die negativen Effekte der Klimaveränderung signifikant höher ein als in den USA.[238]

4.2.4.2 Emittentenverbände und Gewerkschaften

Diese Verbände werden von klimapolitischen Maßnahmen betroffen, sofern diese mit Zusatzkosten verbunden sind. Das Ziel dieser Verbände ist, die Kosten möglichst gering zu halten oder sogar noch zusätzliche Renten abzuschöpfen. Sie werden also für Subventionen eintreten und Abgaben sowie nicht kostenlos vergebene Emissionsrechte ablehnen. Ist ein mit Kosten verbundenes klimapolitisches Instrument politisch akzeptiert, wird von dem betroffenen Lager versucht, seine Nachteile hervorzuheben und auf ein für diese Verbände günstigeres Instrument zu verweisen. Auf diese Weise wurden wiederholt Emissionssteuern und Emissionsrechte gegeneinander ausgespielt.[239] Regulative Lösungen werden toleriert, sofern es möglich ist, aufgrund eigenen technischen Wissens die Regulierung weitgehend ins Leere laufen zu lassen. Auflagen ermöglichen außerdem eine kostenlose Restemission.[240]

Sind Subventionen politisch nicht durchsetzbar, stellt eine freiwillige Selbstverpflichtung der angesprochenen Verbände eine „Second-best-Lösung" dar. Dieses Instrument ermöglicht es, die autonome Effizienz-

---

International Congress of Biometeorology, Ljubljana 1996, in A. MICHAELOWA, Übertragung des Demokratiemodells der Neuen Politischen Ökonomie auf die Klimapolitik, in HWWA-Diskussionspapier Nr. 53, Hamburgisches Welt-Wirtschafts-Archiv (HWWA), Hamburg 1998, S. 24

238 vgl. ebenda, S. 24

239 vgl. Bundesverband der Deutschen Industrie, Umsteuern mit Ökosteuern?, Köln 1994, zitiert in: A. MICHAELOWA, Übertragung des Demokratiemodells der Neuen Politischen Ökonomie auf die Klimapolitk, in HWWA-Diskussionspapier Nr. 53, HWWA Hamburgisches Welt-Wirtschafts-Archiv (HWWA), Hamburg 1998, S. 18

240 vgl. F. SCHNEIDER, Einige Bemerkungen zu den Umsetzungsproblemen ökologisch orientierter Wirtschaftspolitik aus der Sicht der Neuen Politischen Ökonomie, in: Schmid, H.; Slembeck, T. (Hrsg.): Finanz- und Wirtschaftspolitik in Theorie und Praxis;

Festschrift zum 60. Geburtstag von Alfred Meier, Bern, 1997, zitiert in: A. MICHAELOWA, Übertragung des Demokratiemodells der Neuen Politischen Ökonomie auf die Klimapolitik, in HWWA-Diskussionspapier Nr. 53, Hamburgisches Welt-Wirtschafts-Archiv (HWWA), Hamburg 1998, S. 19

steigerung aufgrund des Kosten sparenden technischen Fortschritts, also klimapolitische Aktivität, anzupreisen.[241]

Wirtschaftsverbände verweisen auf Wettbewerbsverzerrungen, die durch einen klimapolitischen Alleingang entstehen würden und drohen mit der Abwanderung der Industrie ins Ausland. Dies ist auch der Punkt, an dem Gewerkschaftsverbände eine gemeinsame Position mit den Wirtschaftverbänden einnehmen. Die Gewerkschaft United Mine Workers of Amerika war bei den Klimaverhandlungen und Anhörungen des amerikanischen Kongresses präsent und stützte die Verhandlungsposition der Kohleindustrie.[242]

Verbände sind in der Lage, ihren Zielen durch selektive Abgabe von Informationen an Politiker und Bürokraten näher zu kommen. Ihr kostenloses Informationsangebot wird bereitwillig angenommen. Seit dem Aufkommen des Internets unterhält deshalb jeder größere US-Emittentenverband eine Homepage mit seiner Darstellung des Klimaproblems. Wirtschaftsverbände nutzen ihre finanziellen Ressourcen, um wissenschaftliche Untersuchungen zu finanzieren, um den Informationsfluss auch dem Inhalt nach kontrollieren zu können.[243] Gerade in den USA haben die Mineralölkonzerne durch ihren monetären Machteinfluss immer mehr an Entscheidungsgewalt gewonnen.[244]

---

241 vgl. Bundesverband der Deutschen Industrie ‚o.Verf., Vorschlag zur Umsetzung des Initiativpapiers der deutschen Wirtschaft für eine weltweite Klimavorsorge durch freiwillige Selbstverpflichtungserklärungen, Köln 1992 und M. KOHLHAAS, B. PRAETORIUS, Selbstverpflichtungen der Industrie zur CO2-Reduktion, Deutsches Institut für Wirtschaftsforschung -Sonderheft Nr. 152, Berlin 1994, zitiert in: A. MICHAELOWA, Übertragung des Demokratiemodells der Neuen Politischen Ökonomie auf die Klimapolitk, in HWWA-Diskussionspapier Nr. 53, Hamburgisches Welt-Wirtschafts-Archiv (HWWA), Hamburg 1998 S. 20

242 vgl. M. TOMAN et al, A summary of US positions on climate change policy, Washington 1997, S. 10, zitiert in: A. MICHAELOWA, Übertragung des Demokratiemodells der Neuen Politischen Ökonomie auf die Klimapolitk, in HWWA-Diskussionspapier Nr. 53, Hamburgisches Welt-Wirtschafts-Archiv (HWWA), Hamburg 1998, S. 18

243 vgl. A. MICHAELOWA, Übertragung des Demokratiemodells der Neuen Politischen Ökonomie auf die Klimapolitk, in HWWA-Diskussionspapier Nr. 53 Hamburgisches Welt-Wirtschafts-Archiv (HWWA), Hamburg 1998, S. 18 ff.

244 vgl. H. HOLLER, Maulkorb für US-Klimaforscher?, Greenpeace e.V., Hamburg, 30.01.2006, http://www.greenpeace.de/themen/klima/nachrichten/artikel/maulkorb_fuer_us_klimaforscher, 16.10.2008

4.2.4.3 Klimaschutzindustrie- und Dienstleistungsverbände

Nicht erst mit dem Aufkommen der Klimapolitik hat sich eine wachsende Industrie gebildet, die das geforderte Know-How für die geforderte Emissionsreduktion liefert. Mit dem Entstehen dieser Industrie haben sich auch Verbände derselben gegründet. Ihre Mitgliederzahl und Ressourcen sind natürlich noch schwächer im Vergleich zu Verbänden der emittierenden Industrie. Für die Förderung der Klimaschutzindustrie können deren Verbände ein steigendes Arbeitsplatzangebot vor allem in strukturschwachen Regionen ins Feld führen. Unterstützung fanden diese Verbände seit 1995 durch die Versicherungswirtschaft, die erkannte, dass die Klimaveränderung für deren Aktivitäten Existenz bedrohend sein könnte. Hierbei taten sich Rückversicherer mit Umweltschutzorganisationen wie Greenpeace zusammen. Mit dieser Unterstützung ist ein Gegengewicht zu Verbänden der emittierenden Industrie entstanden.

Auch seitens großer Unternehmen im Bereich fossiler Energieträger erfolgte ein Umdenken für den Fall, dass sie klimapolitische Maßnahmen nicht vermeiden können. 1997 erklärten die Vorsitzenden von BP und Elf, dass sich ihre Unternehmen der Klimapolitik stellen müssten.[245] Neben Effizienzsteigerungsmaßnahmen diversifizieren sie in erneuerbare Energieträger. Es ist zu erwarten, dass die Intensität des Lobbying der Emittenteninteressen abnimmt, während die Verbände der Klimaschutzindustrie an Boden gewinnen.[246]

4.3 Die Konfliktlinien in der internationalen Klimapolitik

Der Konflikt im Norden war im Vorfeld der Verhandlungen zur Klimarahmenkonvention in Rio de Janeiro von Differenzen zwischen den USA und Deutschland bestimmt.[247] Später ersetzten die JUSCANNZ-Group, dann die UMBRELLA-Group unter der Führung der USA und die EU die Partei-

---

245 vgl. M. TOMAN et al, A summary of US positions on climate change policy, Washington 1997, S. 10 f., zitiert in: A. MICHAELOWA, Übertragung des Demokratiemodells der Neuen Politischen Ökonomie auf die Klimapolitk, in HWWA-Diskussionspapier Nr. 53, Hamburgisches Welt-Wirtschafts-Archiv (HWWA), Hamburg 1998, S. 22

246 vgl. A. MICHAELOWA, Übertragung des Demokratiemodells der Neuen Politischen Ökonomie auf die Klimapolitk, in HWWA-Diskussionspapier Nr. 53, Hamburgisches Welt-Wirtschafts-Archiv (HWWA), Hamburg 1998, S. 19 ff.

247 Wie im vorhergehenden Kapitel bereits erwähnt war die Position der Europäischen Gemeinschaft zu diesem Zeitpunkt noch keine gemeinsame und Deutschland übernahm auch innerhalb der EG eine Vorreiterrolle im Klimaschutz.

en dieses Konflikts. [248] Die Kern-Konfliktlinien sind die Verbindlichkeit und das Ausmaß von Reduktionszielen und die Eingrenzung der Möglichkeiten von „Schlupflöchern" durch den Handel mit „hot air" und der Einbeziehung von Senken sowie der Grad der Ausgestaltung von Sanktionsmechanismen. [249]

Der Nord-Süd-Konflikt lässt sich als Konflikt zwischen Verursacher und Betroffene beschreiben, [250] als Konflikt zwischen Industrieländern und Entwicklungsländern. [251] Aus der Darstellung der unterschiedlichen Positionen in Kapitel 4.2 lassen sich die folgenden Konfliktlinien ableiten.

Der Süden sieht hier aus dem Verursacherprinzip heraus die Verantwortung des Nordens für den menschgemachten Klimawandel und verlangt Taten des Nordens in Form von spürbaren, für den Norden verbindlichen Emissionsreduktionen [252], ohne aber selbst Reduktionen leisten zu müssen. An dieser Stelle fordert der Süden sein Recht auf wirtschaftliche Entwicklung ein. Zusätzliche Technologie- und Finanztransfers von den Industrieländern sollen die nachhaltige Entwicklung des Südens beschleunigen.

Dem gegenüber steht die Position des Nordens. Die USA als Führer der Nicht-EU-Industriestaaten verfolgen hier eine klare Linie. Sie erkennen das Verursacherprinzip nicht an und sehen keine alleinige Verantwortung des Nordens für den Klimawandel. Sie fordern eine Einbeziehung aller Staaten, insbesondere auch der Entwicklungsländer in Reduktionsanstrengungen und nehmen so das Recht des Südens auf Entwicklung nicht als vordergründig wahr. Zusätzlichen Finanz- und Technologietransfers stehen die von den USA angeführten Länder ablehnend gegenüber. Die Position der EU hat sich der des Südens angenähert und erkennt das Verursacherprinzip, die Verantwortung des Nordens und das Recht des Südens auf wirtschaftliche Entwicklung an und befürwortet unterstützende Transfers. Allerdings fordert die EU von den Entwicklungsländern auf lange Sicht ebenfalls Beiträge zu den globalen Emissionsreduktionen.

248 Vgl. G. FRICKE, Von Rio nach Kyoto – Verhandlungssache Weltklima: Global Governance, Lokale Agenda 21, Umweltpolitik und Macht, Berlin 2001, S. 86
249 vgl. A. MISSBACH, Das Klima zwischen Nord und Süd – Eine regulationstheoretische Untersuchung des Nord-Süd-Konflikts in der Klimapolitik der Vereinten Nationen, Münster 1999, S. 269 f.
250 vgl. G. FRICKE, Von Rio nach Kyoto – Verhandlungssache Weltklima: Global Governance, Lokale Agenda 21, Umweltpolitik und Macht, Berlin 2001, S. 57
251 vgl. ebenda, S. 206
252 Von dieser Haltung nehmen sich die Entwicklungsländer, die in der OPEC organisiert sind aus. Sie fürchten Absatzeinbußen ihrer Erdölprodukte durch Reduktionsmaßnahmen in den Industrieländern.

Die unterschiedlichen Positionen innerhalb der der Entwicklungsländer wurden bereits im Rahmen des Abschnitts 4.2.3 erläutert. Zusammenfassend sei an dieser Stelle nochmals erwähnt, dass die AOSIS-Staaten eine progressive Position zum Klimaschutz einnehmen. Die Schwellenländer befürchten eine negative Beeinflussung ihrer wirtschaftlichen Entwicklung durch eine internationale Klimapolitik und die in der OPEC organisierten Entwicklungsländer nehmen klimapolitisch eine bremsende Haltung ein.

4.4 Analyse der Positionen und der Konfliktlinien der internationalen Klimapolitik aus Sicht der Public-Choice-Theorie

Mit dem Hintergrund des Public-Choice-Modells aus Abschnitt 4.1 erfolgt hier eine Analyse der Positionen und Haltungen in der internationalen Klimapolitik. Die klimapolitischen Positionen der für den politischen Prozess in der Public-Choice-Theorie identifizierten Akteure wie die Wähler und die Öffentlichkeit, die Verbände und Nicht-Regierungs-Organisationen, die Politiker und die Bürokraten werden im Folgenden aus der Sicht der Public-Choice-Theorie untersucht, um den Beitrag der Public-Choice-Theorie zur Erklärung der Entwicklung der internationalen Klimapolitik zu sehen.

4.4.1 Wähler und Öffentlichkeit

Dass die EU unter den Industriestaaten trotz unterschiedlicher nationaler Positionen zum Klimaschutz – in den einen Ländern ist die Klimaschutzpräferenz stärker, in den anderen Ländern weniger stark ausgeprägt – Vorreiter im Klimaschutz ist, liegt nicht zuletzt an der Existenz der Öffentlichkeit für Umweltschutzprobleme und etablierten Grünen Parteien. Umweltschutzorganisationen wie Greenpeace finden gesellschaftlich und in den Medien starken Anklang und Umweltschutzparteien sind in die Opposition und sogar bis in die Regierung gelangt. [253]

Das Thema Klimapolitik erregt immer dann breite öffentliche Aufmerksamkeit, wenn meteorologische Extremereignisse die Aufmerksamkeit auf die Gefahren einer Klimaveränderung lenken.[254] Die Häufung starker Stürme in Europa sorgte 2002 für eine breite öffentliche Aufmerksamkeit

---

253 vgl. S.OBERTHÜR, H. E. OTT, Das Kyoto Protokoll – Internationale Klimapolitik für das 21. Jahrhundert, Opladen 2001, S. 43
254 vgl. A. MICHAELOWA, Übertragung des Demokratiemodells der Neuen Politischen Ökonomie auf die Klimapolitk, in HWWA-Diskussionspapier Nr. 53, Hamburgisches Welt-Wirtschafts-Archiv (HWWA), Hamburg 1998, S. 17 ff.

und somit für einen klimapolitischen Handlungsbedarf. Durch sichtbare Unwetterereignisse mit dem Klimawandel als mögliche Ursache zeigen die Wähler eine Präferenz für Klimapolitik.[255]

Nahm beispielsweise in Deutschland schon vor der Zeit der Rio-Konferenz die Umwelt für eine breite Öffentlichkeit einen symbolischen Charakter an (zum Beispiel „Waldsterben"), so dominierte in den USA ein utilitaristischer Ansatz, nach dem die Natur vorrangig die Grundlage für wirtschaftliches Wachstum und für das Entwicklungspotential der Menschheit bildet. [256] Auch hier setzt die Public-Choice-Theorie an. Der zufolge ist es im Interesse der Regierungsvertreter, auf einem Politikfeld Maßnahmen zu finden, deren Kosten von der eigenen Wählerschaft unbemerkt bleiben. Bestenfalls fallen diese Kosten im Ausland an. Die Forderung der USA nach flexiblen Mechanismen, im Besonderen des Joint Implementation, stellt eine solche Situation dar. [257]

Obwohl in den USA Präferenzen für den Klimaschutz existieren und in den USA die größten Umweltverbände der Welt beheimatet sind, verfügen die Verbraucher letztendlich nicht über die Bereitschaft sehr viel höhere Kosten für Klimaschutzmaßnahmen zu tragen.[258] Allerdings fand in den letzten Jahren ein Wandel der Bedeutung des Klimaschutzes in der Wählerschaft statt. Bei den Kongresswahlen 2006 siegte der republikanische Gouverneur von Kalifornien, Arnold Schwarzenegger, entgegen dem Trend eines schwachen republikanischen Gesamtergebnisses. Viele Analysten schreiben vor allem seinem Umweltengagement diesen Wahlsieg zu. [259] In einer Umfrage im März 2001 war dieser Trend schon erkennbar: Hier zeigte sich, dass drei Viertel der US-Bevölkerung Klimaschutz wichtig finden und zwei Drittel eine nationale Klimapolitik begrüßen würden.[260]

---

255 vgl. S. SHIN, Kyoto-Protokoll, internationaler Handel und WTO-Handelssystem - Neue Politische Ökonomie der Interaktionen zwischen Klima- und Handelspolitik, Dissertation, Universität Hamburg 2004, S. 65

256 vgl. G. FRICKE, Von Rio nach Kyoto – Verhandlungssache Weltklima: Global Governance, Lokale Agenda 21, Umweltpolitik und Macht, Berlin 2001, S. 87

257 vgl. S. VON GREINER, Joint Implementation in der Klimapolitik aus Sicht der Public-Choice-Theorie, in HWWA-Report Nr. 159, Hamburgisches Welt-Wirtschafts-Archiv (HWWA), Hamburg 1996 S. 44 und 49

258 vgl. M. MITTENDORF, Ökonomie der internationalen Klimapolitik – Die besondere Herausforderung durch den Clean Developement Mechanism, in: Schriften zur internationalen Wirtschaftspolitik, U. Mummert, F. L. SELL (beide Hrsg.), Münster 2004, S. 111

259 S. DORNER, F. FALTIN, Klimapolitische Entwicklungen in den USA, Deutscher Bundestag, Wissenschaftliche Dienste, Berlin 2007, S. 11

260 vgl. S. GREINER, A. MICHAELOWA, Bushs Absage an das Kioto-Protokoll – wird die EU Lokomotive der globalen Klimapolitik?, in: HWWA-Forum, Wirtschafts-

Dass die Bush-Regierung dennoch in diesem Jahr 2001 eine Absage an das Kyoto-Protokoll erteilte, zeigt, dass neben der Öffentlichkeit noch weitere gewichtigere Einflussgrößen auf die internationale Klimapolitik existieren. Der Einfluss von Verbänden ist hier zu nennen.

Ein ähnlicher Trend in der Wählerschaft vollzog sich in Australien. Eine Umfrage machte im Jahr 2006 eine Kehrtwende in der Umwelt- und E-nergiepolitik Australiens erkennbar. Über 90 Prozent der Bürger Australiens halten hiernach den Klimawandel für ein ernstes Problem und fast zwei Drittel wären bereit, mehr Steuern zu zahlen, um den Ausstoß von Treibhausgasen zu verringern.[261] Für Australiens damaligen Premierminister John Howard, der sich bisher geweigert hatte, das Kyoto-Protokoll zu unterzeichnen, wurde auf diesen öffentlichen Druck hin die Klimapolitik im Wahlkampf ein wichtiges Thema und er kündigte Klimaschutzprojekte an.[262] Die Wahlen 2007 brachten jedoch die Abwahl Howards. Der mit progressiven Klimaschutzthemen ins Feld gezogene Wahlsieger Kevin Ruud kündigte nach seiner Wahl zum Premierminister Australiens Ratifikation des Kyoto-Protokolls an.[263] Die Ratifikation erfolgte schließlich im Jahr 2007.

Während der Klimaschutz in der Öffentlichkeit der entwickelten Länder ein Thema ist, sehen sich Entwicklungsländer mit dringlicheren Problemen wie etwa der Nahrungsmittelversorgung konfrontiert. Ist die ökonomische Grundversorgung gefährdet, treten Überlegungen zur Umweltbelastung in den Hintergrund. Beispielsweise ist in Indien der Klimaschutz in der Problemhierarchie weit unten angesiedelt, auch wenn die Hauptstadt Neu-Delhi mit die größte Luftverschmutzung aller Städte weltweit aufweist.

Obwohl in mehreren Entwicklungsländern gehäuft auftretende Wetterphänomene und Naturkatastrophen die Umwelt immer wieder mal in das Bewusstsein rücken lassen und es schnell zu politischen Reaktionen kommt, verschwindet dieses Thema in der Regel wieder schnell aus dem politischen System und der medialen Präsenz und damit aus der allge-

dienst 2001/IV, Hamburgisches Welt-Wirtschafts-Archiv (HWWA), Hamburg 2001, S. 236 ff.

261 vgl. V. SPROTHEN Heiss und trocken, in Die Zeit 47/2006, Hamburg 2006, in http://www.zeit.de/2006/47/Heiss_und_trocken, 18.09.2008

262 vgl A. STANKUSCH, Australiens Premier droht der Absturz, in Abendblatt.de, Hamburger Abendblatt, 02.04.2007, Hamburg 2007, http://www.abendblatt.de/daten/2007/04/02/717576.html, 18.08.2008

263 vgl. SPIEGEL ONLINE, Wahlsieger Rudd verspricht Klimapolitik-Wende, Hamburg, 25.11.2007, o. Verf., http://www.spiegel.de/politik/ausland/0,1518,519486,00.html, 23.09.08

meinen Präferenz bildenden Kongnition.[264] Gerade in den G-77-Ländern ist das öffentliche Interesse zum Umwelt- und Klimaschutz unterentwickelt.[265]

Dem Klimaschutzgedanken abträglich ist zudem die politische Organisation der in der OPEC vertretenen Entwicklungsländer. Die verschiedenen Ausprägungen der monarchischen Herrschaft lassen eine öffentliche Diskussion über umweltpolitische Fragen nur bedingt zu und verhindert Effekte für die Politik.[266]

Die obigen Ausführen machten deutlich, wie die Wähler und die Öffentlichkeit in denjenigen Ländern in denen die innenpolitischen Strukturen es erlauben, als „Komponente" des Public-Choice-Modells nach ihrer jeweiligen Nutzenmaximierung streben.

Im Falle der Wähler und der Öffentlichkeit wird dies in der Beschaffenheit der Nutzenfunktionen in den USA (gerade vor ihrer Wandlung hin zu einem größeren Umweltbewusstsein) und der EU deutlich. In den USA herrscht eine utilitaristische Einstellung gegenüber der Umwelt. Der Nutzen der Wähler und der Öffentlichkeit wird maximiert, wenn sie möglichst wenig oder gar keine Kosten zur Verbesserung der Umwelt beitragen, und sie gleichzeitig Vorteile aus der „Ausbeutung" der Umwelt erlangen, ihr Einkommen also steigt. In der EU hingegen wirkt eine intakte Umwelt in der Nutzenfunktion positiv auf die Nutzenmaximierung der Wähler und der Öffentlichkeit.

Dementsprechend erfahren in der EU grüne Parteien eine größere Unterstützung als in den UMBRELLA-Staaten. Gerade in Australien zeigte sich, dass ein Wandel des Umweltbewusstseins zu einer den Nutzen maximierenden Präferenz der Wähler für den Klimaschutz führt. Klimaschutz ist ein Teil in der Nutzenfunktion der australischen Wählerschaft und progressiver Klimaschutz trägt zur Nutzenmaximierung bei. Die Abwahl des australischen Premierministers und Klimaschutzskeptikers Howard ist mit dieser Betrachtung wenig überraschend.

---

264 vgl. M. MITTENDORF, Ökonomie der internationalen Klimapolitik – Die besondere Herausforderung durch den Clean Developement Mechanism, in: Schriften zur internationalen Wirtschaftspolitik, U. Mummert, F. L. SELL (beide Hrsg.), Münster 2004, S. 117 f.

265 vgl. S.OBERTHÜR, H.E. OTT, Das Kyoto Protokoll – Internationale Klimapolitik für das 21. Jahrhundert, Opladen 2001, S. 57

266 Vgl. M. STEFFAN, Die Bemühungen um eine internationale Klimakonvention: Verhandlungen, Interessen, Akteure. Münster und Hamburg: 1994S.54

4.4.2 Verbände und Nicht-Regierungs-Organisationen

In den EU-Ländern ist die Umweltproblematik ein nicht weg zu denkender Aspekt des politischen Diskurses. „Grüne" Parteien sind ein wichtiger Teil in der europäischen Landschaft. Man muss jedoch berücksichtigen, dass die Bedeutung „grüner" Nicht-Regierungsorganisationen in verschiedenen EU-Ländern nicht gleich groß ist. Die „Grünen" sind in Deutschland beispielsweise einflussreicher als eine grüne Partei in Griechenland. Es gibt eine führende Gruppe innerhalb der EU-Länder mit einem ausgeprägten Umweltbewusstsein, worunter neben Deutschland auch Belgien, Österreich und Dänemark zählen, um nur einige zu nennen. [267] In diesen Ländern wird das Umweltbewusstsein auch durch ein Netzwerk regionaler, nationaler und supranationaler grüner NGO's unterstützt. Viele ökologisch orientierte NGO's nehmen in ihren EU-Ländern aktiv an den Auseinandersetzungen über die Klimaproblematik teil und üben dahingehend ihren Einfluss auf die progressive Klimapolitik in der EU aus.[268]

Obwohl die EU in der Klimapolitik eine progressive Politik betreibt und die Vorreiterrolle hierin beansprucht, ist die Klimapolitik in der EU auch von unkoordinierten nationalen Maßnahmen geprägt, weil es auch bremsende Einflusse gerade von Industrieverbänden gibt. Es bleibt anzumerken, dass nicht nur „grüne" NGO's in der Verbändelandschaft Einfluss auf die europäische Politik ausüben. Ihr Einfluss ist auf nationaler Ebene stärker, als auf der europäischen supranationalen Ebene. Dort ist die Durchsetzungskraft bei den Gegnern der Klimapolitik wesentlich höher einzustufen als bei den Befürwortern. Emittentenverbände und Gewerkschaften verfügen über eine bessere Organisationsfähigkeit, mehr finanzielle, personelle und strukturelle Ressourcen sowie wirksamere Einflusskanäle als Umweltverbände.[269]

Die Situation in den USA unterscheidet sich von der europäischen Situation. Es gibt viele amerikanische „grüne" Nichtregierungs-Organisationen, deren Einfluss aber erst langsam ansteigt.[270] Die „nicht grüne" Lobby ist in

---

267 Finnland, Großbritannien, Luxemburg, die Niederlande und Schweden komplettieren diese Gruppe

268 vgl. D. EFREMEKNO, Internationale Klimapolitik: EU, USA, Russische Föderation – Hintergründe und Bedingungen im Vergleich, Graz, 2000, S. 22

269 vgl. A. BÖCKEM. Die Determinanten der Klimapolitik der Europäischen Union aus Sicht der Neuen Politischen Ökonomie, in: Jahresbericht 1999, Hamburgisches Welt-Wirtschafts-Archiv (HWWA), Hamburg 1999, S. 620

270 vgl.D. EFREMEKNO, Internationale Klimapolitik: EU, USA, Russische Föderation – Hintergründe und Bedingungen im Vergleich, Graz 2000, S. 22

den USA ziemlich stark und kann Politiker beider Parteien im Kongress beeinflussen. Für den Klimaschutz ist die enge Verbindung von US-Präsident Bush zur Energiewirtschaft problematisch, ebenso wie der Einfluss der gut organisierten Lobbygruppen dieser Industrie.[271] Ein formaler Mechanismus der Verteidigung dieser Lobbyinteressen ist die „Global Climate Coalition", welche als Gegengewicht zur Klimawandelinitiative vom damaligen US-Präsidenten Bill Clinton geschaffen wurde. Die Teilnehmer der Climate Coalition wie beispielsweise die Energieunternehmen EXXON oder Mobil initiierten 1997 eine Werbekampagne in den Medien mit einem Budget von ca. 13 Millionen US-Dollar gegen ein Einlenken der US-Regierung in den internationalen Klimaverhandlungen.[272]

Entscheidend für die restriktive Position der prinzipiell klimaschutzfreundlichen Clinton-Administration in den internationalen Klimaschutzverhandlungen waren Gründe des innenpolitischen Machterhalts bzw. ihr Bestreben, möglichst viele Stimmen mächtiger energieproduzierender Interessengruppen und einer energieverschwenderischen Wählerschaft zu gewinnen. In der Folge empfahl US-Präsident Clinton den Europäern die Übernahme einer klimapolitischen Führungsrolle, weil er diese innenpolitisch, d.h. gegenüber dem von Republikanern dominierten Kongress selber nicht durchsetzen konnte (siehe Byrd-Hagel-Resolution).[273]

Der republikanische Vorgänger von US-Präsident Clinton, George Bush Sen., ignorierte die öffentliche Meinung in den USA, die zu dieser Zeit deutlich für ein stärkeres Engagement in der internationalen Klimapolitik votierte, und nahm eine bremsende Position in den Klimaschutzverhandlungen ein. Die Interessen der texanischen Ölindustrie blieben für die Festlegung der weiteren Verhandlungsposition bestimmend. Bush, einst Geschäftsmann in der Ölbranche, hatte die Erlangung seiner Präsidentschaft vor allem den Wahlkampfspenden dieses Industriezweiges zu verdanken. [274] 1991 bis 1998 spendeten Öl- und Erdgasfirmen ca. 53 Millio-

271 vgl. S.OBERTHÜR, H.-E. OTT, Das Kyoto Protokoll – Internationale Klimapolitik für das 21. Jahrhundert, Opladen 2001, S. 46 f.
272 vgl. D. EFREMEKNO, Internationale Klimapolitik: EU, USA, Russische Föderation – Hintergründe und Bedingungen im Vergleich, Graz 2000, S. 22
273 vgl. S. OERTHÜR / H. OTT, The Kyoto Protocol, Berlin 1999, S. 18
274 vgl. K. MOLTKE: "U.S. Foreign Environmental Policy: A New Area in Transatlantic Relations?", in: Rainhard Loske (Hrsg.): The Future of Environmental Policy in Transatlantic Relations. Conference Report, Wuppertal Institute for Climate , Environment & Energy , Wuppertal 1997, S.26ff, zitiert in P. LAURENCY, Die internationalen Klimaverhandlungen - dynamisch oder erfolgreich scheiternd?, Konstanz 2000, S. 62

nen US-Dollar an US-Senatoren, wobei davon 77 Prozent an Republikaner gingen.[275]

Seit der Machtübernahme im Weißen Haus durch die Bush-Administration unter Bush jun. orientiert sich die amerikanische Klimapolitik mehr an einem langfristigen Emissionsreduktionsziel. Die Republikanische Partei gelangte durch großzügige Unterstützung der Klimapolitik-Gegner wie der Kohlebergbau-, Mineralöl-, Gas-, Elektrizitäts- und Automobilunternehmen zur Macht. Diese spendeten im Wahlkampf mehrere Millionen Dollar. Bush selbst und sein damaliger Vize-Präsident Dick Cheney waren lange Zeit für Ölkonzerne tätig.

Vor diesem Hintergrund üben die konservativen Republikaner und viele der erwähnten Unternehmen Druck auf die Bush-Regierung aus, einseitige Klimaschutzregelungen, die US-Industrien mit hohen Vermeidungskosten belasten und somit die Wettbewerbsfähigkeit dieser Industrien gegenüber denen aus Entwicklungsländern beeinträchtigen können, zu unterlassen. Diese klimapolitische Orientierung verdeutlichte die Bush-Regierung außenpolitisch durch den Austritt der USA aus dem Kyoto-Protokoll. Wie bereits erwähnt, spielte hierbei der Druck der Lobby der oben angeführten Unternehmen eine große Rolle.[276]

Im Gegensatz zu den USA war die restriktive Verhandlungsposition Australiens in weit geringerem Ausmaß durch innenpolitische Opposition und Strukturen beeinflusst. Im Falle Australiens war es die konservative Regierung Howard selbst, die aufgrund ihrer ideologischen Verbundenheit zur australischen Großindustrie in grundlegender Opposition zu jeglichen Reduktionsverpflichtungen stand.[277] Eine Public Choice-Analyse unter dem Aspekt des Einflusses von Verbänden und NGO´s wird daher an dieser Stelle nicht durchgeführt. Aufgrund der Bedeutung Australiens für den Klimaprozess sollte diese Begebenheit hier jedoch angesprochen werden. Der Wandel in Australiens Klimapolitik ist oben bereits unter dem Aspekt des Einflusses der Wähler und der Öffentlichkeit erläutert worden.

---

275 vgl. J. MAIER, Transparenz oder Lobby hinter den Kulissen? Zum Einfluss privater Akteure in der Klimapolitik, in: J. Martens (Hrsg.) Die Privatisier der Weltpolitik, Bonn, 2001, S. 285

276 vgl. S. SHIN, Kyoto-Protokoll, internationaler Handel und WTO-Handelssystem - Neue Politische Ökonomie der Interaktionen zwischen Klima- und Handelspolitik, Dissertation, Universität Hamburg 2004, S. 145 f.

277 vgl. S. OERTHÜR / H. OTT, The Kyoto Protocol, Berlin 1999, S. 24

Für die „sultanistischen" Staaten der OPEC, beispielweise für Saudi-Arabien und Kuwait, war es die de facto bestehende Personalunion von Ölindustriellen und außenpolitischen Entscheidungsträgern, die für die Bestimmung der restriktiven Verhandlungsposition maßgebend war.[278] Verbandsinteressen hatten keinen großen Einfluss auf die umweltpolitische Haltung der Machthaber in diesen Staaten.

Die russischen ökologischen Gruppen und Bewegungen hatten bisher keinen großen politischen Einfluss. Ihre Versuche, an den Parlamentswahlkämpfen 1995 und 1999 teilzunehmen, waren erfolglos. Die Aktivitäten dieser Gruppen hatten auf regionaler und lokaler Ebene eine größere Bedeutung. Auf öffentliche Resonanz in Russland stoßen nur einzelne Aktivitäten internationaler ökologischer Organisationen wie etwa Greenpeace oder das Grüne Kreuz.[279] Während anfangs die Duma in der Klimapolitik keinerlei Rolle spielte, sind sich eine Reihe von Abgeordneten ihrer Bedeutung im Ratifikationsprozess bewusst geworden. Die Verbindungen zu Industrieinteressen spielten hierbei eine erhebliche Rolle.[280] Je nachdem wer gerade bei der Staatsführung Gehör fand, schwankte die russische Position in den Verhandlungen. Die Verzögerungen des Ratifizierungsverfahrens sind auf den Einfluss der Industrieinteressen zurückzuführen.[281]

Die Beeinflussung der klimapolitischen Position Japans gestaltet sich in ähnlicher Weise wie die der amerikanischen. Sie steht in einer engen Verbindung zu mächtigen japanischen Wirtschaftsverbänden und wird von diesen stark beeinflusst. Daher kam bisher keine nationale Maßnahme, die die japanische Wirtschaft signifikant belasten kann, zur Anwendung. Gleichzeitig wird ein handelspolitischer Einsatz der klimapolitischen Maßnahmen vermieden, um sich Widerstände der Handelspartner, welche für export-orientierte japanische Unternehmen negative Folgen (wie z.B. Gegenmaßnahmen) haben können, zu ersparen.

Die japanische nationale Klimapolitik ist auf der Basis der starken Verbindung zwischen Regierung und Wirtschaft und auf Entwicklung fokussiert.

---

278 vgl. ebenda, S. 24

279 vgl. D. EFREMEKNO, Internationale Klimapolitik: EU, USA, Russische Föderation – Hintergründe und Bedingungen im Vergleich, Graz 2000, S. 23

280 vgl. A. MICHAELOWA, T. KOCH, Russland: der passende Schlüssel zum Inkrafttreten des Kioto-Protokolls?, in: HWWA-Forum, Wirtschaftsdienst 2002/9, Hamburgisches Welt-Wirtschafts-Archiv (HWWA), Hamburg 2002, S. 562

281 vgl. A. MICHAELOWA, T. KOCH, Russland: der passende Schlüssel zum Inkrafttreten des Kioto-Protokolls?, in: HWWA-Forum, Wirtschaftsdienst 2002/9, Hamburgisches Welt-Wirtschafts-Archiv (HWWA), Hamburg 2002, S. 562

Die japanische Regierung ist selbst per Investitionen oder Zusammenarbeit öffentlicher und privater Akteure ein führender Akteur. Darüber hinaus strebte die japanische Regierung an, die Initiative für die Entwicklung der CDM- und Joint Implementation-Projekte zu ergreifen, was japanischen Unternehmen, die an den relevanten Projekten interessiert sind, direkt zugute kommt.[282]

4.4.3 Politiker

Die vorangegangene Darstellung der unterschiedlichen Präferenzen der Wähler und der Öffentlichkeit und der Verbände und Nicht-Regierungs-Organisationen in den verschiedenen Staaten und Staatengruppen in der internationalen Klimapolitik legt das in der Public-Choice-Theorie beschriebene Verhalten der Politiker als Stimmenmaximierer dar, um in den Genuss von Ämtern zu gelangen bzw. sich in diesen zu halten.

Mit Bezug auf die Klimapolitik erkennt man dieses Politiker-Verhalten durch die Beobachtung, dass Klimapolitik als Politikfeld relevant wird, wenn es Wählerstimmen verspricht. So war die von der US-Regierung ausgesprochene Sorge um den Erhalt der Wettbewerbsfähigkeit ihrer einheimischen Industrie zum großen Teil Ausdruck eines signifikanten Einflusses von Industrielobbyisten besonders auf den US-Kongress.[283]

In der Diskussion um die amerikanische Klimapolitik zur Zeit der Verhandlungen zur Klimarahmenkonvention 1992 ist in der Position von US-Präsident Bush politisches Kalkül zu beobachten. Dieser argumentierte immer wieder gegen international bindende Reduktionsverpflichtungen mit dem Argument der wissenschaftlichen Unsicherheit. Diese Argumentation hatte strategische Züge. In einem internen Diskussionspapier für die amerikanischen Kabinettsmitglieder wurde die Strategie für die US-Verhandlungsdelegation festgelegt. Demnach sollte diese nicht darüber diskutieren, ob und wie viel Erwärmung stattfindet. Die Bush-Administration erkannte, dass sie eine solche Diskussion in den Augen der Öffentlichkeit verlieren würde. Stattdessen sollte die US-Verhandlungsdelegation nur auf die vielen wissenschaftlichen Unsicherheiten hinweisen, die ein konkretes Handeln unmöglich machen würden.

Im Verhältnis zu anderen Politikfeldern hatten zu dieser Zeit klimapolitische Themen in den USA im Vergleich zu Europa an Gewicht verloren.

---

282 vgl. S. SHIN, Kyoto-Protokoll, internationaler Handel und WTO-Handelssystem - Neue Politische Ökonomie der Interaktionen zwischen Klima- und Handelspolitik, Dissertation, Universität Hamburg 2004, S. 150 f.

283 vgl. S. OERTHÜR / H. OTT, The Kyoto Protocol, Berlin 1999, S. 69 f.

Aktien-, Renten- und Haushaltsbudget erfuhren eine größere Gewichtung auf dem politischen Tableau als ein nationales Emissionsbudget. Dieses pluralistische Interesse der amerikanischen Öffentlichkeit zwischen wirtschaftlichen Belangen und Umweltschutzanliegen beeinflusste die Wahlkampfthemen der Präsidentschaftswahlen 1992. Präsident Bush musste sich dabei einer wirtschaftspolitischen Diskussion stellen, die keinen Platz für Umweltthemen hatte. Den dominierenden Einfluss auf die Klimapolitik der USA hatten im Wahljahr 1992 die organisierten Verursacherinteressen.[284]

Zu den Wahlen im Jahr 1996 vertraten die USA in Genf dann eine Position, die sich von der bisherigen Linie abhob. Sie verteidigten die Relevanz der wissenschaftlichen Grundlagen und setzten gegen den Willen der Ölstaaten und Russlands sowie in kritischer Abgrenzung gegen die Buisiness-NGO's die Annahme einer Ministerdeklaration durch, in der klar rechtlich verbindliche Reduktionen gefordert werden. Diese US-Position war auf den laufenden Wahlkampf abgestimmt und wurde seitens der Clinton-Regierung der Öffentlichkeit als Leadership verkauft, ohne dass irgendwelche klaren Aussagen gemacht wurden, die von den Industrielobbyisten gegen die Regierung verwendet werden konnten. Auch gab es in dieser US-Position keinen Hinweis auf Emissionsreduktionswerte oder spezifische Maßnahmen, mit denen die Angst vor einem Rückgang des Lebensstandards in den USA hätte geschürt werden können.[285] Doch Präsident Clinton konnte sich mit dieser Position innenpolitisch nicht durchsetzen. Die dann wieder bremsende amerikanische Haltung wurde durch den Senat bestimmt.[286]

Die Haltung der USA zu den Kyoto-Verhandlungen zeigt das Interesse nationaler Politiker, die Referenzszenarien für ihr Land möglichst günstig zu gestalten. Die Forderung nach der Möglichkeit des „Borrowing", der Möglichkeit eines Emissionshandels und von Joint Implementation bestätigt das von der Public-Choice-Theorie identifizierte Verhalten nationaler Politiker in internationalen Verhandlungen: Durch Joint Implementation-Projekte sollen Klimaschutzkosten in das Ausland verlagert werden und

284 vgl. H. SCHMIDT, Konflikte in der internationalen Klimapolitik. „Klimaspiel" und die USA als Spielverderber?, in: H.-G. Brauch (Hrsg.), Klimapolitik, Berlin, Heidelberg, New York 1996, S. 136 f.
285 vgl. A. MISSBACH, Das Klima zwischen Nord und Süd – Eine regulationstheoretische Untersuchung des Nord-Süd-Konflikts in der Klimapolitik der Vereinten Nationen, Münster 1999, S. 208 f.
286 vgl. M. SEYBOLD, Internationale Umweltregime – Neue Formen der Konfliktbearbeitung in der internationalen Politik? Untersuchungen am Beispiel des Klimaschutzregimes, Dissertation Julius-Maximilians-Universität Würzburg 2003, S. 189

die Möglichkeit des „Borrowing" würde Klimaschutzkosten auf kommende Wahlperioden verschieben, die die aktuellen Amtsinhaber nicht mehr betreffen würden, weil diese Kosten in der aktuellen Wahlperiode keine Wählerstimmen mehr kosten.

Die Angst vor Nachteilen in der globalen Wirtschaft und Einschränkungen des Lebensstandards spiegelt sich im Blockadeverhalten und dem Ausstieg der USA aus dem Kyoto-Prozess wieder. Diese Entwicklung bremste verständlicherweise auch das Engagement der anderen Industriestaaten, die bei restriktiven Klimaschutzverpflichtungen und den daraus entstehenden Kosten Nachteile gegenüber den Amerikanern auf dem Weltmarkt fürchten müssen.[287]

Russlands Politiker hingegen versprachen sich von seiner Ratifikation des Kyoto-Protokolls Vorteile für ihr Land. Durch den Ausstieg der USA aus dem Kyoto-Protokoll geriet Russland in eine starke Verhandlungsposition, da es nun das „Zünglein an der Waage" für das Inkrafttreten des Kyoto-Protokolls war. Russlands Entscheider ließen sich die Ratifikation mit Zugeständnissen bezahlen. Eigene Reduktionsanstrengungen waren nach den Zugeständnissen nicht notwendig. Auf der anderen Seite stand die Aussicht auf wirtschaftliche Gewinne durch den Verkauf von Russlands „hot Air" im Handel mit Emissionsrechten.[288]

Am Beispiel Japans zeigt sich, dass die Position von Politikern in ihrer Rolle als nationale Politiker in internationalen Verhandlungen von dem Interesse geprägt ist, ihrem Land Vorteile zu verschaffen. In Marrakesch 2001 war Japan in einer ähnlich guten Verhandlungsposition wie Russland vor seiner Ratifikation. Japan konnte eine Aufweichung der Sanktionsregeln erreichen. Finanzielle Sanktionen wurden so aus dem Vertragstext gestrichen.[289] Wie in der Haltung der USA gelten in der Position von Japans Regierung Sanktionen gegen Fehlverhalten als Eingriff in die staatliche Autonomie.[290]

---

287 vgl. C. ADAM, Der Kyoto-Prozess - Akteure und Kernthemen, Hamburg 2001, S. 14

288 vgl. B. KERNECK, Russland hält die Klimaschützer hin, in TAZ.de Berlin, 29.09.2003, http://www.taz.de/index.php?id=archivseite&dig=2003/09/29/a0105, 14.10.2008

289 vgl. A. MICHAELOWA, Kyoto: Das Protokoll ist gerettet, aber aufgeweicht, in: VDI nachrichten, 27. 7. 01, Bonn 2001, http://www.hwwa.de/Forschung/Klimapolitik/docs/Archiv/Michaelowa_2001j.pdf, 10.10.2008, S. 1f.

290 vgl. U.-E. SIMONIS, Klima- und Konsens-Killer, in: Freitag – Die Ost-West-Wochenzeitung vom 07.09.2007, http://www.freitag.de/2007/36/07360101.php

Auch unter den Entwicklungsländern ist es ein weit verbreitetes Ziel, den Einfluss von außen auf nationale Souveränitätsrechte zu minimieren und selbstbestimmten nationalen Entwicklungsmodellen „freien Lauf" zu lassen. Deshalb lehnen insbesondere die OPEC-Staaten unter den Entwicklungsländern Klimaschutz grundsätzlich ab, da dieser den Absatz ihrer kohlenstoffintensiven Erdölprodukte beeinträchtigen könnte. Gleiches gilt analog für die waldreichen Länder unter den Entwicklungsländern. Malaysia, Laos oder Indonesien sind hier als Beispiele zu nennen. Diese wollen sich nicht durch Klimaschutzbestimmungen, wie etwa den Erhalt von Senken, in der ökonomischen Nutzung ihrer Wälder und damit in ihrer wirtschaftlichen Entwicklung eingeschränkt sehen.

Der wirtschaftspolitische Focus der Entwicklungsländer ist kurzfristig angelegt. Da die Auswirkungen des Klimawandels diese Staaten zwar besonders treffen werden, jedoch erst in der Zukunft, kommen Gedanken zum Klimaschutz in kurzfristig ökonomisch ausgerichteten politischen Kalkülen nicht vor. Die Mehrheit der Entwicklungsländer verweigert deshalb einen aktiven Klimaschutz. Eine Ausnahme stellen in dieser Gruppe die AOSIS-Staaten dar. Diese sind in schon absehbarer Zeit durch den Klimawandel existentiell bedroht.[291]

4.4.4 Bürokraten

Nationale Umwelt- und Klimaschutzbürokratien haben ein Interesse an erfolgreichen Klimaverhandlungen, da diese ihre Existenz sichern und ihre Kompetenzen ausweiten.[292]

In Russland beispielsweise versprachen sich progressive westlich orientierte Ministerialbeamte aus einer erfolgreichen Umsetzung von Klimaschutzprojekten Karrierepotenzial. Ihnen ist es gelungen, die Spitzen des Energie- und Wirtschaftsministeriums von der Relevanz des Klimaschutz-Themas zu überzeugen. Aufgrund dieser Überzeugungsarbeit glauben Manager der Energielieferanten, dass sie die Hauptprofiteure der Umsetzung der Kyoto-Mechanismen in Russland sein werden, indem sie sich Emissionsrechte aneignen. Der Strommonopolist United Energy Systems plant so eine stärkere Nutzung von Kohle, um das eingesparte Gas expor-

---

291 vgl. M. MITTENDORF, Ökonomie der internationalen Klimapolitik – Die besondere Herausforderung durch den Clean Developement Mechanism, in: Schriften zur internationalen Wirtschaftspolitik, U. Mummert, F. L. SELL (beide Hrsg.), Münster 2004, S. 118 f.

292 vgl A. MICHAELOWA, Übertragung des Demokratiemodells der Neuen Politischen Ökonomie auf die Klimapolitik, in HWWA-Diskussionspapier Nr. 53, Hamburgisches Welt-Wirtschafts-Archiv (HWWA), Hamburg 1998, S. 38

tieren zu können. Dementsprechend findet UES in diesem Plan ein Argument für ein Mehr an Zuteilung von Emissionsrechten.[293]

In europäischen Ländern wird ein großer Teil der Wissenschaft nach bürokratischen Mustern verwaltet - Universitäten sind staatlich. Die Wissenschaftler sind in der Regel ebenfalls staatlich angestellt und versuchen, ihr Budget zu maximieren. Eine aktive Klimapolitik ermöglicht ihnen die Ausweitung ihrer Aktivitäten. Die Einnahme einer Außenseiterposition ist daher nicht sinnvoll, da sie das Budget gefährden würde.

In einem wettbewerbsorientierten Forschungssystem mit geringerer direkter staatlicher Finanzierung wie in den USA führt der Wettbewerb um Forschungsmittel dazu, dass auch Außenseiter eine Chance haben, insbesondere wenn sie die Position von Interessengruppen stärken können. Beispielsweise ist die Finanzierung der meisten Universitäten maßgeblich von der Einwerbung von Spenden reicher Absolventen abhängig - diese Absolventen vertreten dann aber die Interessen der Wirtschaftsverbände.[294]

Internationale Bürokratieinteressen äußern sich in den Klimaverhandlungen insofern, als die Schaffung neuer Institutionen unterstützt wird. Beispielsweise versucht die Weltbank, einen möglichst großen Teil des Budgets für Klimaschutz in den Entwicklungsländern und der Joint Implementation-Mittel an sich zu ziehen. Im Falle der Global Environment Facility, die das Budget für Entwicklungsländer verwaltet, gelang ihr dies und die Schaffung der Global Carbon Initiative wirkt ebenfalls erfolgversprechend. Der Beschluss, ein System handelbarer Emissionsrechte zu schaffen, kommt den Bürokratieinteressen im Gegensatz zur nationalen Ebene ebenfalls zugute, da es mit der Einrichtung neuer internationaler Organisationen verbunden ist.[295]

4.5   Fazit zu Kapitel 4

Die Public-Choice-Theorie hat ebenso wenig wie die Spieltheorie den Anspruch, die Entwicklung der internationalen Klimapolitik im Gesamten zu erklären. Dennoch leistet die Public-Choice-Theorie ebenfalls ihren Beitrag zur Erklärung dieses Politikfeldes.

293 vgl. A. MICHAELOWA, T. KOCH, Russland: der passende Schlüssel zum Inkrafttreten des Kioto-Protokolls?, in: HWWA-Forum, Wirtschaftsdienst 2002/9, HWWA Hamburgisches Welt-Wirtschafts-Archiv (HWWA), Hamburg 2002, S. 562
294 vgl A. MICHAELOWA, Übertragung des Demokratiemodells der Neuen Politischen Ökonomie auf die Klimapolitik, in HWWA-Diskussionspapier Nr. 53, Hamburgisches Welt-Wirtschafts-Archiv (HWWA), Hamburg 1998, S. 25
295 vgl. ebenda, S. 38

Die Positionen der wichtigsten an der Klimapolitik beteiligten Akteure und die Wandlungen dieser Positionen wurden mit dem Hintergrund der Beschreibung der Positionen aus Kapitel 4.2 und der Darstellung der Konfliktlinien im Abschnitt 4.3 mit den Aussagen des Public-Choice-Modells aus dem Abschnitt 4.1 verknüpft.

Wähler und Öffentlichkeit, Verbände und Nicht-Regierungsorganisationen, Politiker und Bürokraten werden von der Public-Choice-Theorie als diejenigen Akteure identifiziert, die den politischen Prozess, jede Gruppe auf ihre Weise, beeinflussen. Die vorangegangenen Ausführungen im Abschnitt 4.4 machten deutlich, dass die Positionen und das Handeln dieser Akteursgruppen vor allem durch die Maximierung des jeweiligen eigenen Nutzens bestimmt sind und so nachvollziehbar sind. In dieser Übereinstimmung von „Theorie" und „Praxis" liegt der Beitrag der Public-Choice-Theorie zur Erklärung der Entwicklung der internationalen Klimapolitik.

5   Fazit

Das Kyoto-Protokoll ist mit seinen verbindlichen Reduktionsvorschriften als Meilenstein in der internationalen Klimapolitik zu sehen. Die Klimapolitik musste sich hierbei jedoch der schwierigen Aufgabe stellen, Regelungen und Bestimmungen zu finden, die den Interessen der großen Mehrheit der beteiligten Akteure entsprechen. So konnte im Ergebnis nicht viel mehr als ein Minimalkonsens gefunden werden. Dennoch ist mit dem Kyoto-Protokoll die Grundlage für einen internationalen Klimaschutz gelegt. Dieser ist aber erst dann erfolgreich, wenn alle bedeutenden Staaten in ein solches Klimaschutzabkommen mit einbezogen werden.

Die USA haben dem Kyoto-Protokoll eine Absage erteilt und sind somit außen vor. Doch auch diejenigen Entwicklungsländer, die in den letzten Jahren einen wirtschaftlichen Aufschwung erlebten und vor allem China sind zu bedeutenden Treibhausgasemittenten geworden, die noch keinen Reduktionsverpflichtungen unterliegen. Hier gilt es, anzusetzen.

Die Verhandlungen für die zweite Verpflichtungsperiode nach 2012 sind bereits angelaufen. Um gerade die USA wieder „mit ins Boot" zu bekommen, wird es notwendig sein, zumindest die größeren Emittenten unter den Entwicklungsländern und vor allem die Wirtschaftsmacht China in Reduktionsverpflichtungen mit einzubeziehen und Bestimmungen zu finden, die sich vorrangig an der Effizienz orientieren. Damit könnte die Kyoto-Gemeinschaft den USA ein Stück weit in ihrer Position entgegenkommen.

Erst wenn alle, auf die Wirtschaftskraft und ihre Emissionen bezogen, bedeutenden Staaten in globale Reduktionsverpflichtungen eingebunden sind, wird ein gewichtiges Argument der Bremser entkräftet: Das des Wettbewerbsnachteils für diejenigen Länder, die sich zu Reduktionen verpflichten. Des Weiteren müssen Reduktionen einem glaubhaften Compliance-System unterliegen und Sanktionen müssen eventuelle Verstöße gegen die Reduktionsbestimmungen teurer machen als die Vorteile aus einem Trittbrettfahrerverhalten.

Neben der Nachbesserung der Anreize für die Akteure in der internationalen Klimapolitik müssen die Akteure, also die Staaten, innenpolitisch eine Präferenz zum Klimaschutz entwickeln. Gerade in Europa sind „grüne" Parteien schon etabliert und haben ihren Beitrag zu einer progressiven Politik der EU geleistet. Doch auch in bisher bremsenden Staaten wie etwa Australien und den USA haben sich die Präferenzen in der Öffentlichkeit und der Wählerschaft positiv zum Klimaschutz hin entwickelt. So ist in Australien durch einen Regierungswechsel bereits ein Wandel in der

Position zum Klimaschutz vollzogen worden; in den USA könnte nun – nach dem Ende von Bushs Amtszeit – ähnliches geschehen.

Gelingt es, den Klimaschutz auch in den Entwicklungsländern in das politische Portfolio zu bringen, ist ein weiterer Schritt getan, um zumindest diejenigen Entwicklungsländer, in denen freie Wahlen stattfinden, einer Einbeziehung in internationale Reduktionsverpflichtungen näher zu bringen. Hierzu muss jedoch dem Gerechtigkeitsempfinden der Entwicklungsländer und damit deren Recht auf wirtschaftliche Entwicklung Rechnung getragen werden. Zusätzliche technologische Transfers und zusätzliche finanzielle Unterstützung müssen seitens der Industrieländer als Investitionen betrachtet und getätigt werden. Investitionen in die Bildung dort müssen von den Industrieländern gefördert werden, um so die Öffentlichkeit auf lange Sicht gegenüber den Klimawandel ignorierenden Parolen unempfindlich zu machen.

Dem Klimawandel kann begegnet werden. Allerdings nur, wenn alle „in einem Boot" sitzen. In der Erkenntnis des Beitrages der Spieltheorie und der Public-Choice-Theorie zur Erklärung der Entwicklung der internationalen Klimapolitik sind Ansätze hierzu zu finden.

IV Literaturverzeichnis

Bücher, Aufsätze

ADAM C. , Der Kyoto-Prozess - Akteure und Kernthemen, Hamburg 2001

AGARWAL A., NARAIN S., Global Warming in an Unequal World – a Case of Environmental Colonialism, Neu Delhi 1990

BALS C., Hintergrundpapier: Bali, Poznan, Kopenhagen- Dreisprung zu einer neuen Qualität der Klimapolitik, Germanwatch e.V. (Hrsg.), Bonn 2008

BARDT H. / SELKE J.-W., Klimapolitik nach 2012: Optionen für den internationalen Klimaschutz, aus der Reihe: Positionen – Beiträge zur Ordnungspolitik, Nr. 29, Institut der deutschen Wirtschaft (Hrsg.), Köln 2007

BARRET S., Self-Enforcing International EvironmentalAgreements, Oxford Economic Papers Vol. 46, S. 878-894, Oxford 1994

BARRET S., Caron Leakage, Climate Change Policy and International Trade. CWERGE Working Paper GEC 94-12. Centre of Social and Economic Research on the Global Environment, Norwich 1994

BIERMANN F., Stand und Fortentwicklung der internationalen Klimapolitik, in R. KREIBICH / U. E. SIMONIS: Global Change – Globaler Wandel. Ursachenkomplexe und Lösungsansätze, Berlin 2000

BOEHRINGER C., FINUS M., The Kyoto Protokoll – Success or Failure, Oxford 2005

BÖCKEM A., Die Determinanten der Klimapolitik der Europäischen Union aus Sicht der Neuen Politischen Ökonomie, in: Jahresbericht 1999, Hamburgisches Welt-Wirtschafts-Archiv (HWWA), Hamburg 1999

BÖHM F. ,TRABOLD H., Das Verursacherprinzip in der globalen Umweltpolitik: Argumente für eine Weltumweltorganisation, in: Zeitschrift für Umweltpolitik und Umweltrecht, 2/2004, Frankfurt am Main 2004

BRAUCH, H.-G. (Hrsg.), Klimapolitik, Berlin, Heidelberg, New York 1996

BREITMEIER H., International Organizations and the Creation of Environmental Regimes, in: Young, Orwan R. (Hrsg.): Global Governance, Drawing Insights from the Environmental Experience, Cambridge 1997

BUCHANAN J. / TULLOK G., The Calculus of Consent. Logical Foundations of Constitutional Democracy. in University Michigan Press, Ann Arbor 1962

BUNDESMINISTERIUM FÜR UMWELT, NATURSCHUTZ UND REAKTORSICHERHEIT (BMU) - Pressedienst Nr. 127/07, o. Verf., Berlin 2007

COASE R., The Problem of Social Costs, in The Journal of Law and Economics Vol. III, o.O. 1963

DIEKMANN A. und PREISENDÖRFER P., Umweltsoziologie. Eine Einführung, Reinbek 2001

DONNER, HERKOMMER, Das Kyoto-Protokoll - Verhandlungen und Verpflichtungen, 3. aktualisierte Fassung, in: Wissenschaftliche Dienste des Deutschen Bundestags, Berlin 2005

DORNER S., FALTIN F., Klimapolitische Entwicklungen in den USA, Deutscher Bundestag, Wissenschaftliche Dienste, Berlin 2007

EFREMEKNO D., Internationale Klimapolitik: EU, USA, Russische Föderation – Hintergründe und Bedingungen im Vergleich, Graz 2000

ENDRESS A., Die Coase-Kontroverse, in: Zeitschrift für die gesamte Staatswissenschaft Bd. 133, o.O. 1977

ENDRESS A., Umweltökonomie, 3. Auflage, Stuttgart 2007

FINUS M., V. IERLAND E. , DELLINK R., Stability of Climate Coalations in a Cartel Formation Game, Economics of Governance Vol. 7, S. 271-291, 2006 o.O

FRICKE G., Von Rio nach Kyoto – Verhandlungssache Weltklima: Global Governance, Lokale Agenda 21, Umweltpolitik und Macht, Berlin 2001

FRIEDMAN J., Game Theory with Applications to Economics, New York und Oxford 1986

GERES R., Nationale Klimapolitik nach dem Kyoto-Protokoll, Frankfurt am Main und Wien 2000

GRASSL H., Wetterwende. Vision: Globaler Klimaschutz, Frankfurt am Main und New York 1999

VON GREINER S., Joint Implementation in der Klimapolitik aus Sicht der Public-Choice-Theorie, in HWWA-Report Nr. 159, Hamburgisches Welt-Wirtschafts-Archiv (HWWA), Hamburg 1996

VON GREINER S., MICHAELOWA A., Bushs Absage an das Kioto-Protokoll – wird die EU Lokomotive der globalen Klimapolitik?, in: Hamburgisches Welt-Wirtschafts-Archiv (HWWA) - Forum, Wirtschaftsdienst 2001/IV, Hamburg 2001

HAMILTON C., Climate Change Policies in Australia. A Briefing to a Meeting of the Ad Hoc Group on the Berlin Mandate (Bonn (Germany), Lyneham 1997

HAUCHLER I., MESSNER D., NUSCHELER F.(Hrsg.), Globale Trends 1998. Fakten A-nalysen, Prognosen, Stiftung Entwicklung und Frieden, Frankfurt am Main 1997

HEISTER J., Der internationale CO_2-Vertrag: Strategien zur Stabilisierung multilateraler Kooperation zwischen souveränen Staaten, in: H. Siebert (Hrsg.), Kieler Studien, Institut für Weltwirtschaft an der Universität Kiel, N. 282, Tübingen 1997

HELM C., SCHNELLHUBER H.-J., Wissenschaftliche Aussagen zum Klimawandel - zum politischen Umgang mit objektiv unsicheren Ergebnissen der Klimaforschung, Potsdam 1998

HOEL M., Global Environmental Problems: The Effects of Unilateral Action staken by one Country, Journal of Environmental Economics and Management, 1992

HOLLER M., ILLING G., Einführung in die Spieltheorie, Fünfte Auflage, Berlin, Heidelberg, New York 2002

JOCHEM E. , HERZ H., MANNSBART W., Analyse und Diskussion der jüngsten Energiebedarfsprognosen für die großen Industrienationen im Hinblick auf die Vermeidung von Treibhausgasen, Bonn 1994

KLEINER D., Bildung internationaler Regime im Bereich „nachhaltige Entwicklung" – Die Rolle der Entwicklungsländer im Verhandlungs- und Implementierungsprozess der Agenda 21, Freiburg 2003

KRUMM, R., Internationale Umweltpolitik, Berlin u.a. 1996

LAURENCY P., Die internationalen Klimaverhandlungen - dynamisch oder erfolgreich scheiternd?, Konstanz 2000

LOSKE R., Klimapolitik. Im Spannungsfeld von Kurzzeitinteressen und Langzeiterfordernissen, Marburg 1996

LUCE R.D., RAIFFA H., Games and Decisions, Wiley, New York 1957

MAIER J., Transparenz oder Lobby hinter den Kulissen? Zum Einfluss privater Akteure in der Klimapolitik, in: J. Martens (Hrsg.) Die Privatisier der Weltpolitik, Bonn, 2001

MARBERGER M., Die Internationale Umweltpolitik am Beispiel des Klimaschutzregimes, Diplomarbeit, Innsbruck 2004

MAYER-TASCH P.C., Internationalisierung der Umweltprobleme und staatliche Souveränität , in M. Jänicke, U.E. Simonis und G. Weigmann (Hrsg.), Wissen für Umwelt: 17 Wissenschaftler bilanzieren, Berlin 1985

MICHAELOWA, A. Übertragung des Demokratiemodells der Neuen Politischen Ökonomie auf die Klimapolitk, in HWWA-Diskussionspapier Nr. 53, Hamburgisches Welt-Wirtschafts-Archiv (HWWA) - Forum, Hamburg 1998

MISSBACH A., Das Klima zwischen Nord und Süd – Eine regulationstheoretische Untersuchung des Nord-Süd-Konflikts in der Klimapolitik der Vereinten Nationen, Münster 1999

MITTENDORF M., Ökonomie der internationalen Klimapolitik – Die besondere Herausforderung durch den Clean Developement Mechanism, in: Schriften zur internationalen Wirtschaftspolitik, in: U. Mummert, F. L. SELL (beide Hrsg.), Münster 2004

MOLTKE K.: "U.S. Foreign Environmental Policy: A New Area in Transatlantic Relations?", in: Rainhard Loske (Hrsg.): The Future of Environmental Policy in Transatlantic Relations. Conference Report, Wuppertal Institute for Climate , Environment & Energy , Wuppertal 1997

MÜLLER F., Kyoto-Protokoll ohne USA – wie weiter?, Berlin 2003

NISKANEN W., Ein ökonomisches Modell der Bürokratie, in W. Pommerehne/ B. Frey (Hrsg.),ökonomische Theorie der Politik, Berlin, Heidelberg, New York 1979

OBERTHÜR S. / OTT H.-E., The Kyoto Protocol, Berlin 1999

OBERTHÜR S./ , OTT H.-E., Das Kyoto Protokoll – Internationale Klimapolitik für das 21. Jahrhundert, Opladen 2001

OPP K.-D, Soft incentives and collective action: Participation in the anti-nuclear movement, in: British Journal of Political Science, 16, o.O. 1986

OTT H., Das internationale Regime zum Schutz des Klimas, in: T. Gehring, S. Oberthür (Hrsg.), Internationale Umweltverträge – Umweltschutz durch Verhandlungen und Verträge, Opladen 1997

PIGGOT J. et al., How Large are the Incentives to Join Subglobal Carbon-Reduction Initiatives?, in Journal of Policy Modelling 15, o.O. 1993

QUENNET-THIELEN C., Stand der internationalen Klimaverhandlungen nach dem Klimagipfel in Berlin, in: H.-G. Brauch (Hrsg.), Klimapolitik, Berlin, Heidelberg, New York 1996

RUSSELL L. et al, Understanding Concerns about Joint Implementation, Knoxville 1997, S. 39

SCHNEIDER F., Einige Bemerkungen zu den Umsetzungsproblemen ökologisch orientierter Wirtschaftspolitik aus der Sicht der Neuen Politischen Ökonomie, in: Schmid, H.; Slembeck, T. (Hrsg.): Finanz- und Wirtschaftspolitik in Theorie und Praxis; Festschrift zum 60. Geburtstag von Alfred Meier, Bern, 1997

SCHÖNWIESE C.-D., Naturwissenschaftliche Grundlagen: Klima und Treibhauseffekt 1996 in: H.-G. Brauch (Hrsg.), Klimapolitik, Berlin, Heidelberg, New York 1996

SCHWARZE R., Internationale Klimapolitik, Marburg 2000

SCHWELGLER R., Joint Implementation - ein neues Konzept der Klimapolitik, Bamberg 1998 (überarbeitete Fassung 2000)

SEYBOLD M., Internationale Umweltregime – Neue Formen der Konfliktbearbeitung in der internationalen Politik? Untersuchungen am Beispiel des Klimaschutzregimes, Dissertation Julius-Maximilians-Universität Würzburg 2003

SHIN S., Kyoto-Protokoll, internationaler Handel und WTO-Handelssystem - Neue Politische Ökonomie der Interaktionen zwischen Klima- und Handelspolitik, Dissertation, Universität Hamburg 2004

STEFFAN M., Die Bemühungen um eine internationale Klimakonvention: Verhandlungen, Interessen, Akteure. Münster und Hamburg: 1994

TOMAN M. et al, A summary of US positions on climate change policy, Washington 1997

UNMÜSSIG B., CRAMER S., Afrika im Klimawandel, in: Focus Nr. 2/2008, German Institute for Global and Area Studies, Hamburg 2008

WEGEHENKEL L., Coase-Theorem, Mohr 1980

WITSCH G., Von Rio nach Kyoto – Die größten Umweltkonferenzen der Vereinten Nationen in den 90er Jahren, Münster 1999

Amtliche Veröffentlichungen und Sonstiges

BMU, Bali gibt Startschuss für Klimaverhandlungen, in BMU, Klimaschutz und Energie 2/2008, Berlin 2008 o. Verf.,
http://www.bmu.de/files/pdfs/allgemein/application/pdf/umwelt_0802_klima_bali.pdf , 13.07.2008

BMU, Hintergrundinformation zur 4. Klimakonferenz in Buenos Aires , o. Verf., Bonn 29.10.1998, http://www.bmu.de/pressearchiv/14_legislaturperiode/pm/79.php, 14.09.2008

BMU, http://www.bmu.de/klimaschutz/internationale_klimapolitik; Berlin, o. Verf., o.J., 20.04.08

BMU,
http://www.bmu.de/klimaschutz/internationale_klimapolitik/doc/print/37650.php, o.Verf., Berlin 2008, 13.07.2008

BMU,
http://www.bmu.de/klimaschutz/internationale_klimapolitik/glossar/doc/2902.php,
Berlin, o. Verf., o.J., 25.07.2008

BMU, Klimaschutz und Energie – Klimakonferenz von Montreal, o. Verf., Berlin 2006,
S. 26,
http://www.bmu.de/files/pdfs/allgemein/application/pdf/umwelt24_27_01_2006.pdf,
13.08.2008

BMU, Modifikationen des Kyoto-Protokolls, S.1, 12.11.2001, o. Verf., Berlin 2001
http://www.bundesregierung.de/dokumente/artikel/ix_49912.htm, 23.04.2008

BMU, Klimaschutz und Energie – Klimakonferenz von Montreal, o. Verf., Berlin 2006,
S. 26,
http://www.bmu.de/files/pdfs/allgemein/application/pdf/umwelt24_27_01_2006.pdf,
13.08.2008

EHRLICH P., G8-Gipfel in Japan - Trippelschritt für das Klima, in: FTD.de, Financial
Times Deutschland, Toyako, 08.07.2008
http://www.ftd.de/politik/international/:G8%20Gipfel%20Japan%20Trippelschritt%20
Klima/383254.html, 23.09.2008

ENQUETE-KOMMISSION, „Schutz der Erdatmosphäre" des Deutschen Bundestages
(Hrsg.): Mehr Zukunft für die Erde. Nachhaltige Entwicklung für dauerhafte Klimaschutz. Schlussbericht der Enqute-Kommission des 12. Bundestages, Drucksache
12/8600, o. Verf., Bonn 1995

FOCUS ONLINE, Australien ratifiziert Kyoto-Protokoll, o. Verf., 13.12.2007, München
2007, http://www.focus.de/wissen/wissenschaft/klima/klimaschutz_aid_228135.html,
28.08.2008

GERMANWATCH e.V., Pressemitteilung zum Abschluss der UN-Klimakonferenz in
Bangkok, o.Verf., Bangkok 2008, http://www.germanwatch.org/presse/2008-04-
04.htm, 13.10.2008

HOLLER H., Maulkorb für US-Klimaforscher?, Greenpeace e.V., Hamburg, 30.01.2006,
http://www.greenpeace.de/themen/klima/nachrichten/artikel/maulkorb_fuer_us_klim
aforscher16.10.2008

IPCC (International Panel on Climate Exchange), o. Verf., Working Group I, Climate
Change 1995, The Science of Climate Change, Camebridge 1996

KERNECK B., Russland hält die Klimaschützer hin, in TAZ.de, Berlin 29.09.2003,
http://www.taz.de/index.php?id=archivseite&dig=2003/09/29/a0105, 14.10.2008

PRO PHYSIK.DE, Unterschiedliche Klima-Positionen, Weinheim, 4.6.2007, o. Verf.,
http://www.pro-physik.de/Phy/leadArticle.do?laid=9270, 12.08.2008

RICHERT J., Klimaschutz durch Völkerrecht und/oder Technologieinitiativen? Klimapolitik im Spannungsfeld von Kyoto und APP, in weltpolitik.net, Berlin, 18.9.2006,
http://www.weltpolitik.net/Sachgebiete/Globale%20Zukunftsfragen/Umwelt/Klimasc
hutz/Grundlagen/Klimaschutz.html, 22.07.2008

SCHWEIZERISCHER BUNDESRAT, Botschaft über das Protokoll von Kyoto zum Rahmenübereinkommen der Vereinten Nationen über Klimaänderungen, o.Verf., o.O.
2002, Nr. 02.059 vom 21. 08.2002, http://www.admin.ch/ch/d/ff/2002/6385.pdf,
25.06.2008

SPIEGEL ONLINE, Wahlsieger Rudd verspricht Klimapolitik-Wende, Hamburg,
25.11.2007, o. Verf.,
http://www.spiegel.de/politik/ausland/0,1518,519486,00.html, 23.09.08

SPROTHEN V., Heiss und trocken, in Die Zeit 47/2006, Hamburg 2006, in
http://www.zeit.de/2006/47/Heiss_und_trocken, 18.09.2008

STANKUSCH A., Australiens Premier droht der Absturz, in Abendblatt.de , 02.04.2007
Hamburger Abendblatt, Hamburg 2007,
http://www.abendblatt.de/daten/2007/04/02/717576.html, 18.08.2008

TREBER M., HARMELING S., BALS C., Forum Umwelt & Entwicklung - Rundbrief
2/2008, Bonn 2008,
http://www.schattenblick.de/infopool/umwelt/klima/ukluno43.html, 30.09.2008

WIKIPEDIA, o.Verf, o.O., o.J , http://de.wikipedia.org/wiki/Tit_for_tat, 29.07.2008

WIKIPEDIA, o.Verf, o.O., o.J, http://de.wikipedia.org/wiki/Spieltheorie10.10.2008